Christina Fischer und Hendrik Thoma, MS
unter Mitarbeit von Rudolf Knoll

kochduell

Das Weinbuch

vgs

Dieses Buch erscheint zur Sendung KOCHDUELL, die montags bis freitags um 18.15 Uhr bei VOX ausgestrahlt wird.

Die Deutsche Bibliothek – CIP-Einheitsaufnahme
Kochduell / [VOX]. – Köln : vgs
Das Weinbuch / Christina Fischer und Hendrik Thoma.
Unter Mitarb. von Rudolf Knoll. – Orig.-Ausg., überarb. Neuaufl..
– 2002
ISBN 3-8025-1510-2

Originalausgabe

Konzept: Rudolf Knoll, Schwandorf
Redaktion: Martina Weihe-Reckewitz
Lektorat: Marcus Reckewitz, Bonn
Umschlagfoto vorne: Armin Faber, Düsseldorf
Umschlagfoto hinten: Cornelis Gotthardt, Köln/
Stephan Wieland, Düsseldorf
Szenenfotos: Michael Fehlauer, Frank Hempel,
Katharina Hummel für VOX
Alle anderen Fotos: Armin Faber, Düsseldorf
Umschlaggestaltung: Alexander Ziegler, Köln
Innengestaltung und Satz: Veronika Richter, Köln
Produktion: Annette Hillig
Printed in Spain
ISBN 3-8025-1510-2

Besuchen Sie unsere Homepage: www.vgs.de
oder die Homepage vom Kochduell: www.vox.de

Inhalt

Vorwort

Es gibt viele Menschen, die ganz gern ein Gläschen Wein trinken. Aber was es mit der Sorte auf sich hat, was Bezeichnungen wie „Kabinett“ und „Spätlese“ bedeuten und was sich hinter dem geheimnisvollen Wort „Barrique“ verbirgt, mit dem Kenner so scheinbar souverän umgehen, das ist für sie ein Buch mit sieben Siegeln. Wie ein großes Fragezeichen stehen sie dann vor dem Weinregal im Supermarkt und kaufen das, was sie immer kaufen. Weil das Etikett „anmacht“. Und im Lokal bestellen sie den gewohnten „Pinotgritscho“, weil den auch die Freunde ordern und das offenbar modern ist.

Wein ist aufgrund der dazugehörigen Rechtsprechung ein schwieriges Produkt. Die Lektüre eines Etiketts verwirrt oft, statt daß sie informiert (der zunehmende Erfolg der Weine aus der Neuen Welt kann unter anderem damit erklärt werden, daß hier die Vorschriften, was alles auf dem „Ausweis“ des Weines zu stehen hat, nicht so umfassend sind). Allein aus deutschen Landen gibt es alljährlich einige hunderttausend verschiedene Abfüllungen mit unterschiedlichen Prädikaten, Geschmacksrichtungen und Herkünften von der kleinen Einzellage bis zur Marke aus einem riesigen Gebiet. Da ist es nicht verwunderlich, daß Profis urteilen, der Weg zur Weinkennerschaft sei mit vielen, vielen leeren Flaschen gesäumt.

Aber Wein kann auch ein sehr angenehmes Produkt sein, das Spaß macht, Genuß schenkt und zudem nach verschiedenen medizinischen Erkenntnissen positive gesundheitliche Faktoren besitzt, wohlgemerkt: in Maßen getrunken.

Deshalb ist es reizvoll, sich mit Wein auseinanderzusetzen und so nach und nach fortzubilden. Irgendwann ist man dann die Koryphäe, die in der fröhlichen Lokalrunde aufgefordert wird, den passenden Tropfen auf der Weinkarte auszusuchen, „weil es uns zwar schmeckt, aber wir alle keine Ahnung haben".

In der Sendereihe „Kochduell" wird auf diese angenehme und unkomplizierte Weise mit Wein umgegangen. Hier spielt zwar der Wein nicht die Hauptrolle. Aber wie heißt es doch so schön unter Genießern: „Wein ist im Leben nicht alles, aber alles ist ohne Wein nichts."

Riesling, Chardonnay, Cabernet, Burgunder und wie die Sorten alle heißen, sind ein wichtiges Element in dieser Sendung. Präsentiert werden sie in der wichtigen Kombination zum raffinierten Essen von zwei Sommeliers, die kein Fachchinesisch vermitteln, sondern die Lust am Genuß wecken. Dasselbe Bedürfnis haben wir mit diesem Buch. Deshalb haben wir für Sie – neben wirklich wissenswerten und interessanten Fakten zum Thema Wein – unsere speziellen Empfehlungen zusammengestellt. Sie finden diese, in der Regel mit einer Abbildung des Etiketts, damit Sie die Flaschen beim Einkauf auch garantiert erkennen, über das ganze Buch verteilt. Natürlich hätten wir gerne noch viel mehr Weine empfohlen, aber leider ist der Platz begrenzt, und wir wollten Ihnen auch unsere persönlichen Tips zum unkomplizierten Umgang mit Wein nicht vorenthalten.

Wohl bekomm's

Christina Fischer
Hendrik Thoma
Rudolf Knoll

Rudolf Knoll ist Journalist und Weinexperte. Er arbeitet seit vielen Jahren mit den beiden „Kochduell-Sommeliers" zusammen.

Der Wein und seine Varianten

„Einen Schoppen Wein“, bestellt der Gast im Restaurant. In manchen Häusern bleibt ihm tatsächlich gar nichts anderes übrig, weil die Getränkekarte nur je einen Weiß- und Rotwein, eventuell noch einen Rosé ausweist. Nähere Hinweise auf den Erzeuger fehlen.

Aber Wein ist viel mehr als nur ein Getränk mit drei verschiedenen Farbschattierungen. Für viele ist Wein geradezu ein Mysterium und Gottesgeschenk. Die Wissenden betrachten ihn als feines Genußmittel, weit weg von jeder Droge, und praktizieren ein geniales Zusammenspiel zwischen Speisen und Wein.

Im Lexikon erfolgt der Eintrag „Wein" gleich nach der „Weimarer Republik". Man erfährt, daß Wein „eine geschützte Bezeichnung für das durch alkoholische Gärung aus frischen oder auch eingemaischten Weintrauben oder Traubenmost" entstandene Getränk ist und daß „Wein eine Grundlage für die Herstellung von Schaumwein" darstellt.

Ertrag

Wichtiger Punkt für die Qualität eines Weines. Es gilt der Grundsatz: Je geringer die Erntemenge, desto größer ist die Chance, daß die Qualität sehr gut ist. Der Ertrag kann durch entsprechenden Anschnitt der Rebstöcke sowie Ausdünnen von Blütenansätzen und unreifen Beeren/Trauben vom Winzer stark beeinflußt werden.

Was im Wein steckt, ist ebenfalls im Lexikon nachzulesen. Nämlich unter anderem 730 bis 900 g/l Wasser, je nach Schwere des Weines 65 bis 120 g/l Äthylalkohol (auf dem Etikett ausgewiesen in Vol.-%), zahlreiche organische Säuren mit zusammen 4 bis 12 g/l sowie der dreiwertige Alkohol Glycerin, der ebenfalls einen Wert von einigen Gramm pro Liter erreichen kann.

In geringen Mengen befinden sich im Wein Gerb- und Farbstoffe sowie Mineralien, vor allem Kalium- und Phosphorverbindungen. Der Gehalt an schwefeliger Säure, die als Oxidationsschutz zugesetzt wird, liegt meist deutlich unter 200 Milligramm pro Liter. Eine gesundheitliche Beeinträchtigung, die dem Wein oft wegen dieses Zusatzes unterstellt wird, besteht in der Regel jedoch nicht, der Verzicht auf die schwefelige Säure würde den Wein hingegen sehr schnell altern und ungenießbar werden lassen.

In Maßen genossen ist Wein ein bekömmliches, ja sogar gesundes Getränk (die Wissenschaft in aller Welt hat dies in den letzten Jahren in vieler Hinsicht nachgewiesen).

Aber Wein ist nicht gleich Wein. Es gibt weltweit Millionen von Varianten, je nachdem welche Rebsorten verwendet werden, welche Qualität oder Geschmacksrichtung angestrebt wird. Doch die Vielzahl der unterschiedlichen Weinarten und -varianten läßt sich überschaubar in einige Gruppen unterteilen.

Weißwein

Deutschland ist ein Weißweinland; rund 80 Prozent der Produktion entfallen auf weiße Sorten. Andererseits lieben die deutschen Genießer auch roten Wein, der oft aus dem Ausland kommt (Frankreich, Italien, Neue Welt). Dem Rotwein wird, in Maßen genossen, eine gesundheitsförderliche Wirkung attestiert. Aber auch Inhaltsstoffe des Weißweines können die körperliche Fitneß positiv beeinflussen.

Der Werdegang des Weißweines unterscheidet sich vom Rotwein vor allem in der Verarbeitung der Beeren oder Trauben. Nach der Ernte ist Schnelligkeit angesagt. Denn jede Verzögerung kann Fäulnis oder Essigstich verursachen und sich später negativ auf den Wein auswirken. Meist werden die Trauben entrappt, d.h., man entfernt die sogenannten Rappen, jene Stiele und Kämme, die Bitterstoffe beinhalten, die man im Wein nicht schmecken will. Für die Trennung gibt es spezielle Abbeermaschinen.

Anschließend werden die entweder schon leicht gequetschten oder noch ganzen Beeren gekeltert. In letzterem Fall spricht man von der Ganztraubenpressung, die immer häufiger praktiziert wird, weil sie zur Aromaerhaltung beiträgt. Die Kelterung (Pressung) läuft sehr schonend ab. Qualitätsbewußte Winzer kommen allenfalls auf eine Menge von 70 Prozent des Traubengewichts.

Der Trester (das zurückbleibende Traubengemenge) wird nach der Kelterung entweder als natürlicher Dünger in den Weinberg ausgebracht oder wiederverwendet, sprich: gebrannt. Das Produkt heißt dann „Tresterbrand“, in Italien „Grappa“ und in Frankreich „Marc“.

Der von der Kelter abgeflossene Most wird vorgeklärt, entweder mit einer aufwendigen Technik (Separatoren) oder durch einfaches, schonendes Absitzenlassen der groben Trubstoffe.

Anschließend kommt der Most in den Gärbehälter (Tank oder Faß). Bevor die Vergärung in die Wege geleitet wird, hat der Erzeuger noch zu entscheiden, ob eine Mostzuckerung vorgenommen wird. Diese

Riesling

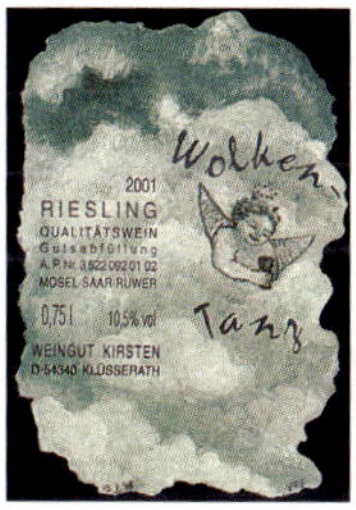

2001 Wolkentanz
Riesling Qualitätswein trocken
Weingut Kirsten
Klüsserath, MOSEL
0,75 l, ca. € 4,90
ab Weingut

Ein unkomplizierter, feinfruchtiger Wein mit typischen Riesling-Aromen: Aprikose, Pfirsich und Apfel. Mit 10% Vol. kommt nur wenig Alkohol ins Spiel, trotzdem besitzt er Rückgrat und bietet so eine ideale Alternative zum „Allerwelts-Pinot Grigio“.

Methode ist schon seit dem 19. Jahrhundert vor allem in nördlicheren Weinländern (Frankreich, Deutschland) zulässig, um in schwächeren Jahrgängen den Alkoholgehalt im fertigen Wein zu erhöhen. Während in Frankreich auch die Gewächse nobler Châteaux und Domainen im Most gezuckert (angereichert, chaptalisiert) sein können, ist dies in Deutschland und Österreich nur für Tafelweine sowie Qualitätsweine ohne Prädikat erlaubt. In Italien wird teilweise statt Zucker auch Mostkonzentrat zugefügt.

Alkohol

Wichtiger, geschmacksbildender Weinbestandteil, der aber nicht zu hoch sein darf. Entsteht durch die Vergärung, bei der sich Traubenzucker in Alkohol und Kohlensäure umwandelt.

Der Zusatz von Rübenzucker, einem weinfremden Produkt, ist schon lange umstritten. Für die Alternative Mostkonzentrat finden sich freilich ebensowenig Fans, weil hier zum Beispiel italienisches „Material" in deutsche oder französische Weine gelangen würde. Deshalb sind seit einigen Jahren neue kellertechnische Methoden in der Erprobung, bei denen der Wein konzentriert wird. Die Umkehrosmose und die Vakuumverdampfung entziehen, vereinfacht dargestellt, dem Saft Wasser, verringern damit die Weinmenge und sollen in der Lage sein,

Qualität zu steigern. Eine Zielsetzung ist es, auf die Mostzuckerung zu verzichten. Während Konzentrierungsmethoden in Frankreich und Italien sowie in der Neuen Welt bereits vielfach praktiziert werden, führt man in Deutschland noch eine Art Glaubenskrieg.

Die Ressentiments sind nachvollziehbar, weil man sich mit dem massiven Einfluß von Technik in den Augen vieler Kritiker schon fast auf dem Weg zum „Kunstwein" befindet. Doch weder Deutschland noch Österreich sind heile Inseln, und längst beeinflussen weitere, mittlerweile normale technische Methoden die Entwicklung auf noch andere Art. Andererseits stellen diese Entwicklungen aber auch eine Chance für traditionsbewußte Winzer dar, sich besonders zu profilieren, indem sie deutlich machen, daß sie noch „Wein nach alter Art" erzeugen. Voraussetzung natürlich: Gut muß er sein.

Zurück zum Weinkeller, in dem die Vergärung ansteht (die Umwandlung des Traubenzuckers in Alkohol). Sie wird entweder von natürlich vorhandenen Hefen eingeleitet oder durch Zusatz von gezielt ausgewählten Reinzuchthefen. So gibt es heute Hefestämme, die zum Beispiel besonders gärstark sind (wichtig bei hohem Zuckergehalt im Most, wenn der Wein weitgehend vergären soll) oder die in besonderem Maße zu intensiven Aromen beitragen.

Die Weißweinvergärung ist in der Regel eine kühle Angelegenheit (bis maximal 15 °C); sie wird durch Technik (Kühlmaschine oder Wasserumspülung von Tanks) gesteuert. Häufig werden die fertigen Jungweine nach Abschluß der Gärung noch länger „auf der Hefe" gelassen, weil diese Reifephase zur geschmacklichen Verfeinerung beitragen kann. Der eigentlich fertige Jungwein darf dann meist noch ein Weilchen im Tank oder im Faß reifen, damit er seine womöglich vorhandenen jugendlichen Unarten verliert. Denn junger Wein hat oft, vor allem wenn er gute Qualität besitzt, gewisse „Ecken und Kanten". Die aggressiven Säuren und harten Gerbstoffe werden durch die Lagerung ganz natürlich „abgeschliffen".

Das traditionelle große Holzfaß ist für die verschiedenen möglichen Stationen des Wein-Werdens noch nicht gänzlich aus den Kellern verbannt. In vielen Gütern ist es nach wie vor in Gebrauch, wird aber mittlerweile meist in Kombination mit Stahltanks beim Ausbau eingesetzt.

Hier spielen die Erfahrungswerte der Winzer und ihre Philosophie eine große Rolle. Generelle Regeln gibt es nicht, weil auch die Sorten unterschiedlich auf die Lagerung reagieren können. Der eine Kellermeister setzt auf die Vergärung im Stahltank und legt hinterher den Wein ins Holzfaß, damit er „atmen" kann. Durch diesen zarten Kontakt mit der Luft beschleunigt sich seine Reifung und wird auch die möglicherweise etwas zu hohe Säure des Weines schneller abgebaut. Andere Weinbauern lassen den Most im Holzfaß vergären und legen den Jungwein erst hinterher in Stahltanks, damit die Frische und die durch die Gärung entstandene natürliche Kohlensäure erhalten

Abstich

Kellertechnische Maßnahme für das Umfüllen von Wein aus einem Faß (Tank) in ein anderes Behältnis. Dabei bleiben Hefen und Trubstoffe im Ausgangsfaß.

Ausbau

Fachbegriff für den Werdegang des Weines im Keller von der Vergärung bis zur Abfüllung.
Weiterer Begriff dafür: Vinifikation oder Vinifizieren.

Önologie

Die Wissenschaft vom Wein. Önologen haben einen Studiengang an einer Fachhochschule hinter sich.

Barrique

Bezeichnung für ein kleines Eichenholzfaß (ca. 225 Liter), das in Frankreich schon lange gebräuchlich war, inzwischen aber weltweit fast das Maß aller Dinge für den Weinausbau ist. Der Geschmack des Weins verändert sich durch mehr als 150 neue Aromastoffe während der Lagerung stark. Die Qualität kann aber nur dann besser werden, wenn das Ausgangsprodukt Wein schon ausgezeichnet war. Mittelmaß gewinnt nicht durch Barrique-Lagerung.

bleiben. Wieder andere bauen den gleichen Wein zum Teil im Holzfaß und zum Teil im Stahltank aus. Monate später wird alles im großen Tank zusammengeführt und miteinander „vermählt".

Eine seit vielen Jahren auch beim Weißwein beliebte Variante ist der Ausbau in Barriques (unter Ausbau versteht man in der Fachsprache die Behandlung des Jungweines und seine Reifung). Der Begriff Barriques steht für kleine, nur etwa 225 Liter fassende Eichenfässer, die – wenn sie neu sind – zusätzliche Geschmacksstoffe an den Wein abgeben. Der Wein muß aber in der Lage sein, diese zu „schlucken". Voraussetzung dafür ist eine sehr gute Qualität. Mittelmaß hingegen verliert durch den Einsatz von Barriques, d.h., solche Weine lassen anschließend den Sortencharakter vermissen und schmecken oft so, als stammten sie aus der Schreinerwerkstatt. Mit anderen Worten: Sie sind „überholzt". Das gilt zum Beispiel für viele Chardonnays aus der Neuen Welt. Kein Wunder, daß der Begriff „unwooded" („ungeholzt") in Australien schon fast als ein Qualitätsmerkmal empfunden wird.

Barrique-Ausbau verlangt Fingerspitzengefühl und Erfahrung. Beim Weißwein wird heute sogar die Vergärung häufig in diesen kleinen Behältern durchgeführt. Oft setzt man neben neuen Fässern auch gebrauchte Fässer ein, da diese nach ein, zwei Jahren kaum mehr Geschmacksstoffe abgeben. Mit Weinen aus solchen Fässern lassen sich für einen späteren Verschnitt (aus mehreren Weinen zusammengestellter Wein) die eventuell zu starken Holznoten einiger anderer Faßpartien etwas mildern. Die deutschen Winzer haben in dieser Hinsicht in den vergangenen Jahren viel dazugelernt.

In der Neuen Welt ist statt des Barrique-Ausbaus der Einsatz von Holzchips, die man dem Wein während der Reifung zusetzt, in Mode gekommen. Traditionalisten hören dies mit Schaudern – und hoffen, daß diese Mode (die nur zu mehr Holzgeschmack führt und nicht zur

Reifung beiträgt) bald vorübergeht. Noch ist sie in Deutschland und Österreich nicht zulässig und ein Verstoß gegen das Weingesetz. Noch ...

Wir sind jetzt beim vergorenen Wein angelangt. Es steht nun im weiteren Verlauf des Ausbaus eine endgültige Klärung an. Sie wird durch die sogenannte Schönung erzielt: Durch Zusatzstoffe werden Schwebeteilchen gebunden und entfernt, auch die Bildung unerwünschter Aromen im Naturprodukt Wein läßt sich damit vermeiden. Die Zusatzstoffe werden hinterher wieder aus dem Wein ausgefällt. Am Ende wird der Wein meist filtriert (bei Spitzenweinen verzichten die Kellermeister gelegentlich darauf), und zwar möglichst schonend, damit die natürlichen Bestandteile erhalten bleiben.

Dann steht noch die unverzichtbare Schwefelung als Oxidationsschutz an. Das ist eine hin und wieder kritisch betrachtete, aber letztlich ungefährliche Methode. Mit möglichen Alternativen wurde schon oft experimentiert, aber die Ergebnisse waren nie zufriedenstellend. Die heute üblichen Mengen des Zusatzes von schwefeliger Säure sind sehr gering. Nur bei Süßweinen ist die Dosis etwas höher. Aber von solchen Weinen trinkt man in der Regel nur sehr wenig. Oxidation bedeutet, daß der Wein schnell altert. Man kann dies am Beispiel eines aufgeschnittenen Apfels beobachten. Er wird in kurzer Zeit braun. Auch ungeschwefelter Wein würde sich nach einigen Monaten verfärben und unangenehme Aromen entwickeln. Nach der Schwefelung ist in Deutschland der Zusatz von Süßreserve möglich (s. S. 17). Anschließend wird der Wein in Flaschen abgefüllt.

Schönen

Die Schönung ist eine Maßnahme beim Weinausbau. Durch Zusatz bestimmter, gesetzlich zugelassener Stoffe werden unerwünschte Bestandteile des Weines (zum Beispiel Eiweiß, Eisen) gebunden und ausgeschieden. Schönungsmittel verbleiben nicht im Wein.

Rotwein

„Weißwein ist der Wein, den man trinkt, bevor man Rotwein genießt.“ So äußern sich sinngemäß – und etwas geringschätzig – manche Besitzer nobler Bordelaiser Châteaux, die natürlich nur Rotwein im Keller haben. Die Frage ist müßig, welcher der bessere Wein ist.
Es kommt immer auf den Anlaß an und die persönlichen Vorlieben.

Eine interessante Bemerkung vorweg: Man kann auch aus Rotweintrauben Weißwein machen! Wie das funktioniert? Die roten Trauben werden nur kurz abgepreßt, bis der helle Saft von der Kelter abfließt. Der rote Farbstoff verbleibt in der Beerenhaut. Diese Methode spielt

Gerbstoff

Auch Tannin genannt. Steckt in der Schale, den Kernen und Stielen der Trauben. Die verschiedenen Sorten haben einen sehr unterschiedlichen Gerbstoffgehalt. Bei einem hohen Gerbstoffgehalt, den entweder junge, gute oder schwächere Weine aus unreifem Traubengut haben, zieht sich alles im Mund zusammen (adstringierende Wirkung). Bei guten Rotweinen baut sich das Tannin im Lauf der Zeit in seiner aggressiven Wirkung ab und wandelt sich in eine reife, weiche Form, die den Wein geschmacklich stützt und ihm Haltbarkeit verleiht. Zusätzlicher Gerbstoff entsteht im Wein durch die Lagerung in Holzfässern. Weißweine haben wenig oder keinen Gerbstoff, es sei denn, sie werden – was selten der Fall ist – mit Stielen und Stengeln (Rappen sagt man dazu in der Fachsprache) gekeltert.

beispielsweise bei der Herstellung von Sekt (bzw. Champagner) in der Champagne eine wichtige Rolle. Der rote Pinot Noir, in Deutschland auch Spätburgunder genannt, zählt nämlich neben dem ebenfalls roten Pinot Meunier und dem weißen Chardonnay zu den drei zugelassenen Reben in diesem Anbaugebiet. Die dunklen Trauben werden hier jedoch ebenso zur Sektherstellung verwendet wie die weißen, was bei der Champagner- und Sektproduktion nichts Ungewöhnliches ist und sich in der Bezeichnung „Blanc de Noir" widerspiegelt – weißer (manchmal hellroter) Sekt aus roten Trauben.

Aber nun zum Rotwein. Den roten Farbstoff aus den Beerenschalen bekommt man nur heraus, wenn das Traubengemenge (die sogenannte Maische) während der Gärung ordentlich brodelt. Diese Prozedur nennt man „Maischegärung". Nach der klassischen Methode gärt der Saft einige Tage, manchmal auch Wochen „auf der Maische", in der Regel bei Temperaturen zwischen 20 °C und maximal 30 °C. Für leich-

tere Rotweine darf es weniger sein (hier werden die Trauben auch meist entrappt). Der Saft für bessere Rotweine gärt länger bei höheren Temperaturen und wird oft entweder per Hand oder maschinell umgestoßen oder umgerührt.

Eine Variante ist die meist in deutschen Großkellereien praktizierte Maischeerhitzung. Dabei wird der Saft entweder kurz oder bis zu sechs Stunden bei recht hoher Temperatur (50–75 °C) „gekocht". Mit dieser Methode geht zwar alles ein bißchen schneller, doch am Ende sind die Weine im Aroma häufig marmeladenartig.

Für den jungen, sehr fruchtbetonten Beaujolais wird sogar die sogenannte Ganztraubengärung praktiziert (Fachausdruck: Macération carbonique). Dabei haben die Beeren Kontakt mit Kohlendioxid, das sie aufspaltet und Farbe und Fruchtbildung forciert. Gleichzeitig bildet sich bei dieser Methode kaum Gerbstoff.

Ist die Vergärung abgeschlossen, wird der Wein abgepreßt (manche Kellermeister lassen ihn noch einige Tage auf der Maische, damit sie weiter ausgelaugt wird und der Wein Farb- und Gerbstoffe aufnimmt) und dann weiter im Faß, Barrique oder Stahltank ausgebaut. Die Methode unterscheidet sich jetzt nur mehr in unwesentlichen Details vom Weißwein-Ausbau. Nur gönnt man den guten Roten möglichst viel Zeit, damit sie ihre jugendlichen Unvollkommenheiten verlieren. Denn in den ersten Jahren sind vor allem die Gerbstoffe noch rauh und oft adstringierend. Auch die Aromen können „vorlaut" sein. Merke: Selbst Weine, die später als „groß" gelten, waren in der Jugend oft ungenießbar. Ihr späterer Wert wird nur von sehr geübten Verkostern erkannt.

Rotweinpreis

Angesehener Wettbewerb des Weinmagazins Vinum, der seit 1987 jährlich durchgeführt wird und sehr zur Qualitätssteigerung beim deutschen Rotwein beigetragen hat.
Christina Fischer ist seit etlichen Jahren Mitglied der Fachjury.

Rosé

Spätburgunder Weißherbst

2001 Spätburgunder Weißherbst
Kabinett trocken
Weingut Schlumberger
Laufen, BADEN
0,75 l, ca. € 5,40
ab Weingut

Ein wunderbarer „Brot & Butter"-Wein „für jeden Tag" mit hervorragendem Preis-Leistungsverhältnis. Er paßt sich ausgezeichnet den verschiedensten Speisen an, weil er ein kräftiges, kompaktes aber trotzdem frisches Aroma besitzt.

Roséweine sind für viele eher ungeübte Weintrinker gewissermaßen der „Rettungsanker", wenn man sich auf der Weinkarte nicht zurechtfindet. Wählt man einen Rosé, kann man im Prinzip nichts falsch machen. Irgendwie paßt ein solcher Wein immer zum Essen. Aber nur selten ist er ein richtiger Hochgenuß. Wirklich gute Roséweine sind leider sehr selten.

Roséweine sind nicht, wie man als Laie meinen könnte, eine Mischung aus Weiß- und Rotwein. Ausgangsprodukt sind rote Trauben, die allerdings nur kurz, wenn überhaupt, auf der Maische verweilen, dabei wenig vom Farbstoff aus der Beerenhaut absondern und so ihre hellrote, manchmal ins Zwiebel- oder Bernsteinfarbene gehende Tönung entwickeln. Der Saft wird dann wie Weißwein vergoren und weiterverarbeitet. Manche Winzer ziehen den Saft für ihren Rosé vom gerade angegorenen Rotweinmost ab, mit doppeltem Nutzen: Sie erhalten einen Rosé in der gewünschten Farbe und sorgen zugleich für eine zusätzliche Konzentration in der Maische. Der spätere Rotwein hat alle Chancen, besonders dicht und gerbstoffbetont zu werden.

Weißherbst ist eine spezielle deutsche Bezeichnung für Rosé und entstand in der Region Baden. Sie steht für Qualitätsweine von nur einer Rebsorte (in der Regel Spätburgunder). In Baden läßt man seit einigen Jahren sogar Rosé und Weißherbst vom Spätburgunder in unterschiedlicher Definition nebeneinander laufen. Rosé ist der fruchtige Wein mit etwas Restsüße (üblich sind 10 bis 25 g/l), Weißherbst der kräftige, herbe Wein, der Einflüsse von Botrytis (s. S. 18) erkennen läßt. Kleines Problem: Nicht alle Erzeuger halten sich an diese Vorgabe.

Die Rede ist hier von den einfachen fruchtigen Weinen, die nicht zur Kategorie der sogenannten „edelsüßen“ Weine gehören, bei denen die Trauben gewollt von Edelfäule (Botrytis, s. S. 18) befallen werden und dadurch eine ganz besondere, von vielen Weinliebhabern überaus geschätzte Süße aufweisen.

Süße Weine

Die Süße in fruchtigen Normalweinen kann durch zwei Methoden erhalten bzw. verursacht werden. Die qualitativ wertvollere Methode besteht zweifellos in der Erhaltung des natürlichen, in der Traube enthaltenen Zuckers (Fructose). Normalerweise wandelt sich dieser Zucker bei der durch Hefen verursachten Gärung vollständig in Alkohol und Kohlensäure um. Durch unterschiedliche kellertechnische Eingriffe, meist Kühlung oder Abstich (Abpumpen) des noch in Gärung befindlichen Weines aus dem Tank oder Faß wird die Gärung unterbrochen, und es bleibt Zucker zurück. Der schmeckt dann im Wein besonders fruchtbetont und kann in gewissem Maße sogar von Diabetikern gut vertragen werden. Viele Weine der neueren Generation in Deutschland, Österreich, aber auch im Elsaß und einigen anderen Ländern bekommen auf diese Weise einen „fruchtigen Charme“, der bei den Konsumenten gut ankommt. Manchmal ist diese „Frucht“ auch einfach eine Laune der Natur: Manche Weine kommen nämlich dem Wunsch des Winzers nach vollständiger Vergärung einfach nicht nach.

Die zweite Möglichkeit, süßen Wein zu erzeugen, ist der oft noch in Deutschland praktizierte Zusatz der sogenannten „Süßreserve“ vor der Abfüllung. Dabei handelt es sich um steril eingelagerten Traubensaft, den der Winzer entweder im eigenen Betrieb selbst erzeugt oder zukauft. Im zweiten Fall muß er auf Begriffe wie „Erzeugerabfüllung“ oder „Gutsabfüllung“ auf dem Etikett verzichten.

Es gibt einige Erzeuger, die ein sehr gutes Fingerspitzengefühl für die Verwendung von Süßreserve haben, doch dies sind die Ausnahmen von der Regel. Oft riechen solche Weine mostig, geschmacklich sind sie vielfach unharmonisch: Die Süße schmeckt „aufgesetzt“.

Riesling Auslese

2001 Riesling Auslese
Weingut Heinrich Schmitges
Erden, MOSEL
0,5 l, ca. € 12,50
ab Weingut

Waltraut und Andreas Schmitges bringen frischen Wind in die Mosel-Szene. Sie produzieren ausgezeichnete Rieslinge, die überall Auszeichnungen abräumen. Unlängst belegten sie den 1. Platz beim internationalen „Best of Riesling“ Wettbewerb. Diese Auslese besitzt exotische Aromen und ein unglaubliches Frucht-Säure-Spiel. Macht richtig Spaß!

Bei edelsüßen Weinen bekommen viele Genießer glänzende Augen, und die Noten mancher Weintester, die sich bei herben Gewächsen selten zu einem „hervorragend“ hinreißen lassen, treten einen steilen Höhenflug an. Die hochrangigen Prädikatsweine (s. S. 43) und sonstigen edelsüßen Gewächse der Welt können ein Hochgenuß sein.

Edelsüße Weine

Saussignac

1997 Saussignac
Château Le Chabrier
Bergerac, FRANKREICH
0,75 l, ca. € 16,–
Hotel und Weinrestaurant
Louis C. Jacob

Dieser 100%ige Semillon wird im kleinen Eichholzfaß gelagert und steht einem guten Sauternes geschmacklich in nichts nach. Exotisch duftend nach Papaya und reifer Mango, Honignoten und ein konzentriert süßlicher Geschmack zeichnen ihn aus. Er kommt aus einer kleinen, ziemlich unbekannten Enklave im Bergerac, die aber unter Kennern für das starke Preis-Genußverhältnis sehr geschätzt wird.

Die Bandbreite der edelsüßen Weine ist wie bei den herben oder trockenen Weinen ebenfalls groß, doch nicht überall, wo „Beerenauslese“ oder „Eiswein“ auf dem Etikett steht, ist auch tatsächlich ein faszinierender Tropfen in der Flasche. Die Edelsüßen verdienen die gleiche kritische Bewertung wie jeder andere Wein, ein vorzeitiges „In-die-Knie-Gehen“ ist nicht angebracht. Bei Weinprämierungen reicht oft allein die Tatsache, daß das Mostgewicht (Zuckergehalt des Mostes) des zu beurteilenden Weines für eine Beerenauslese reichen würde, um Gold zu vergeben. Womit man den vielen wirklich feinen Beerenauslesen indirekt unrecht tut.

Die edelsüßen Weine entstehen meist durch Befall von Edelfäule an den Trauben. Der Befall mit dem Schimmelpilz Botrytis sorgt für eine Konzentration der Inhaltsstoffe. Oft enthalten die Beeren dann nur noch wenig Saft, und die Kelterung ist eine mühsame Angelegenheit. Aber die süßen Tropfen, die abfließen, lohnen häufig die Anstrengung, die schon mit einer Selektion im Weinberg beginnt: In gründlich arbeitenden Betrieben werden die grünen, gesunden Beeren in mühseliger Handarbeit von den befallenen Schimmelbeeren getrennt und separat verarbeitet.

Edelsüße Weine erfordern viel Sorgfalt bei der Vinifikation (Weinbereitung) im Keller. Der Gefahr eines Schimmelaromas im Wein sollte der Kellermeister beispielsweise durch rechtzeitige Schönungsmaßnahmen begegnen. Die Weine sind zwar oft schon in der Jugend betörend, aber ihre wahre Klasse entfalten sie erst im Alter. Die besten sind nahezu zeitlos und können weit über hundert Jahre alt werden.

In Deutschland ist vor allem der Riesling die bevorzugte Sorte für solche Zungenverführer, aber auch Spätburgunder, Weißburgunder sowie die Neuzüchtungen Scheurebe, Huxelrebe, Albalonga und sogar der gute alte Müller-Thurgau sind für feine Überraschungen gut.

Die traditionellen Prädikate sind, in dieser Reihung: Auslese, Beerenauslese, Trockenbeerenauslese. Dazwischen gibt es noch, mit dem Mindestmostgewicht einer Beerenauslese, den Eiswein, der aus gefrorenen Beeren gekeltert wird. Mindestens -7 °C in „freier Wildbahn" sind notwendig. Oft müssen die Winzer und ihre Helfer mitten in der Nacht zur Lese ausrücken. Aus den gefrorenen Beeren fließt bald darauf zwar nur wenig, dafür aber hochkonzentrierter Saft von der Kelter, denn viel gefrorenes Wasser bleibt mit der Maische zurück und gelangt nicht in den Wein. Eisweine haben ein sehr eigenständiges, etwas dropsiges und besonders fruchtbetontes Aroma sowie eine prononcierte, manchmal extrem hohe Säure, die aber selten aggressiv wirkt, weil der natürliche Zucker und viel Extrakt (die Summe der Weinbestandteile ohne Alkohol und Säure) gute Puffer sind.

In Österreich gibt es noch zwei zusätzliche Prädikate, nämlich Strohwein und Ausbruch. Beim Strohwein (oder Schilfwein) werden gesunde Trauben im Herbst für mindestens drei Monate in luftigen Räumen auf Stroh- und Schilfmatten ausgebreitet. Auch dadurch erfolgt eine Konzentration, die für einen wertvollen Wein sorgen kann. Vor allem im Burgenland, am Ostufer des Neusiedlersees (Seewinkel) lebte diese alte Methode der Weinerzeugung in den letzten Jahren wieder auf. In Deutschland ist sie seit dem Weingesetz von 1971 nicht mehr zulässig, weil sie seinerzeit als „zu künstlich" angesehen wurde.

Ausbruchweine werden vor allem in Rust auf der anderen Seite des Neusiedlersees forciert. Es handelt sich dabei um eine hochwertige Beerenauslese oder sogar um eine Trockenbeerenauslese, die im Alkoholgehalt – im Gegensatz zu den deutschen Edelsüßen – meist recht stattlich ist. Zu den edelfaulen Beeren werden einige Prozent gesunder Trauben mitverarbeitet, um mehr Frucht zu erzielen. Und mit frischem Auslese-Most werden die eingeschrumpften Trauben für die Kelterung saftiger gemacht.

Eine gewisse Ähnlichkeit mit dem Strohwein hat der traditionelle Dessertwein der Toskana, der sogenannte Vin Santo. Auch bei ihm werden die Trauben entweder auf Matten ausgebreitet oder hängend eingetrocknet und dann gekeltert. Die Zuckerkonzentration beim Vin Santo ist so unterschiedlich wie die Qualität. Es gibt einige wenige wirklich gute Weine im süßen Bereich, aber auch reichlich fehlerhafte Abfüllungen. Vin Santo kann aber nicht nur lieblich, sondern auch trocken sein. Dem italienischen Weingesetz entsprechend ist alles erlaubt. Übrigens ebenso in Deutschland oder Österreich. Da gibt es Winzer, die unbedingt meinen, sie müßten eine Beerenauslese oder einen Eiswein trocken ausbauen. Das Ergebnis ist in der Regel, da viel Zucker vor allem viel Alkohol ergibt, unangenehm brandig.

Mehr Freude hat man oft mit dem ähnlich wie der Vin Santo entstehenden roten Amarone, der aber herb und alkoholreich ist. Im Unterschied zu manchen angesprochenen „spritigen" Weinen hat ein guter

Sauternes

Ein guter Sauternes hat immer seinen Preis, aber diesen Wein nippt man eigentlich auch nur gläschenweise – am besten aus gekühlten Gläsern. Ein perfekter Vertreter dieser Süßweine ist der immer exotisch und üppig duftende Château Rieussec.
Er zeichnet sich aus durch einen Schwall von Honig, Papaya und Zitrone in der Nase, einer bestechenden Cremigkeit und unvergeßlicher Länge am Gaumen.

Restzucker

Der vorhandene Zuckergehalt im fertigen Wein. Kann entweder ein natürlicher Restbestand der Vergärung sein oder auch zugesetzter Traubenmost (Süßreserve).

Amarone genügend Extrakt, um den Alkohol nicht aufdringlich werden zu lassen. Regional gibt es in Europa noch eine Reihe von vergleichbaren Spezialitäten.

Die berühmtesten edelsüßen Weine neben den Gewächsen aus Deutschland, Österreich und – nicht zu vergessen – dem Elsaß (mit der Sélection des grains nobles, die mindestens einer Beerenauslese entspricht) sind wohl die schweren, wuchtigen Sauternes (benannt nach der gleichnamigen Stadt im Bordelaiser Bereich südlich der Stadt Bordeaux). In der Gegend von Sauternes werden schon seit einigen hundert Jahren aus den Rebsorten Semillon, Sauvignon Blanc und Muscadelle hochwertige Konzentrate erzeugt. An der Spitze steht der berühmte Name des Château d'Yquem.

In den letzten Jahren gab es einige Diskussionen, weil in Sauternes die sogenannte Cryoextraction eingeführt wurde. Dabei werden die Trauben vor der Kelterung eingefroren – eine Art künstlicher Eiswein. Auch das noble Haus d'Yquem arbeitete schon mit dieser Methode und wurde dafür kritisiert. Doch inzwischen hat man sich in Frankreich allseits daran gewöhnt. Und die Kritiker sind allmählich verstummt.

Einen Wein dürfen wir jedoch nicht vergessen, der nach dem Wegfall des „Eisernen Vorhanges" wieder eine Renaissance erlebt: den ungarischen Tokajer. Einst galt er als „Wein der Könige, König der Weine" und machte gemeinsam mit dem (ebenfalls wieder im Aufwind befindlichen) Constantia aus Südafrika und dem (bedeutungslos gewordenen) Cotnari aus Rumänien der mitteleuropäischen Süßweinelite Konkurrenz. Das Potential des Gebietes Tokaj-Hegyalja im Nordwesten Ungarns wird durch ausländische Investitionen langsam wiederbelebt – alte, begeisternde Schätze kommen erneut zum Vorschein. Das Kontrastprogramm schimmeliger Aromen macht deutlich, daß in sozialistischen Zeiten oft die Motivation zum korrekten Weinmachen fehlte.

Spitzen-Tokajer haben eine konzentrierte, cremige Süße und sind im Alkoholgehalt sehr niedrig. Bei den Qualitäten orientiert man sich an den sogenannten „Puttonyos" (Butten), Behältnisse mit 20 bis 25 kg Fassungsvermögen. Je mehr konzentrierte süße Traubenmasse mit Hilfe der Puttonyos einem normalen herben Wein zugesetzt wird, desto hochwertiger wird das Endprodukt. Absolute Spitzen, die nur in Topjahren erzeugt werden, sind der sechsbuttige Aszú und darüber noch die Tokajer Essenz, gewonnen aus dem von alleine ablaufenden Most, der bei der Lagerung von Aszú-Trauben anfällt.

Natürliche edelsüße Weine werden auch noch in einigen anderen Ländern erzeugt: z.B. in der Neuen Welt und, traditionell, im alten Griechenland auf der Insel Samos (der Samos Nectar entspricht in der Herstellung in etwa dem Strohwein). Hin und wieder macht man auch interessante Entdeckungen in Australien und Kalifornien.

Banyuls

1997 Banyuls Grand Cru
L'Etoile
Banyuls, FRANKREICH
0,75 l, ca. € 13,50
Weinimport Dr. Guido Kohler

Ein Banyuls kann ein Gedicht sein und ist Frankreichs Antwort auf guten Portwein. Die Grenachetrauben für diesen Banyuls kommen aus der Meeresnähe und erhalten dadurch einen besonders weichen, üppigen Stil. Ein Banyuls schmeckt nach getrockneten Früchten wie Feigen und hat einen zartbittersüßen Geschmack. Er paßt großartig zu Schokolade oder einem Espresso.

Likörweine (Vin doux naturel)

Der französische Begriff bedeutet eigentlich „natursüßer Wein“, was aber irreführend ist. Denn bei diesen Süßweinen wird die Gärung durch den Zusatz von Alkohol gestoppt, wodurch eine gewünschte Portion von Süße erhalten bleibt.

Die populärsten Weine dieser Art sind der Port, der Sherry, der Madeira und der Malaga mit jeweils unterschiedlichen Herstellungsmethoden auf Basis alter Traditionen. Der größte Name in Frankreich ist zweifellos der Banyuls, der an der Südgrenze des Roussillon weit im Süden Frankreichs vorwiegend aus der roten Sorte Grenache erzeugt wird. Hier erfolgt die Anreicherung mit Alkohol bereits, während der Wein noch auf der Maische liegt und sich nicht schon in stürmischer Vergärung befindet. Die Erzeuger haben die unterschiedlichsten Philosophien, wie man Banyuls herstellt. Geschmacklich ist eine gewisse Verwandtschaft mit sehr gutem Port erkennbar. Genießer wissen, daß Banyuls einer der ganz wenigen Weine ist, die sogar im Zusammenspiel mit Schokolade noch ein Genuß sind.

Extrakt

Die Summe der Weinbestandteile ohne Alkohol, Säure und Zucker. Dazu gehören beispielsweise Glycerin, Gerb- und Farbstoffe, Mineralien. Je höher der Extrakt, desto besser ist oft der Wein. Ein durchschnittlicher, guter Weiß- oder Rotwein hat etwa 25 g/l Extrakt, bei den Spitzenweinen sind es mehr als 30 g/l, die edelsüßen Konzentrate bringen es auf gut das Doppelte.

Schäumende Weine

Es gibt ein Wort, das der Weinkenner nur ungern hört. Ruft jemand nach einem „Prosecco“, erfaßt ihn ein leichter Anflug von Verzweiflung. Denn um wieviel besser als dieses prickelnde Allerweltsgetränk aus Venetien, das derzeit so in Mode ist, schmeckt doch ein deutscher Winzersekt oder ein im Preis angemessener Champagner.

Rund 25 Millionen Flaschen Prosecco werden jährlich in Deutschland verkauft. Und etwa 80 Prozent davon, so eine Schätzung des Weinmagazins *Vinum,* entfallen auf den geschmacklich einfachen, nur zart

Riesling Sekt

1999 Riesling Sekt, brut (Flaschengärung) Weingut Ratzenberger, Bacherrach, MITTELRHEIN 0,75 l, ca. € 10,50 ab Weingut oder FISCHERS Weingenuß & Tafelfreuden

Ein Rieslingsekt, der 36 Monate auf der Hefe gelegen hat, sehr stoffig, saftig, voluminös aber feinperlend. Schon im Weinberg wird hier auf Qualität geachtet.

prickelnden Frizzante. Der Spumante, der einem guten Sekt entspricht, ist einfach zu teuer, um sich gegen seinen „kleinen Bruder" durchzusetzen.

Der Prosecco stammt aus der gleichnamigen Sorte, die bevorzugt im Veneto in einem Hügelgebiet zwischen Valdobbiadene und Conegliano wächst. Es gibt ihn als Stillwein, Frizzante und als Spumante. Meist ist er recht fruchtig (im Bereich Extra dry zwischen 12 und 20 g/l Restzucker). Hergestellt wird er überwiegend durch Tankgärung.

Daß der Prosecco in Deutschland derart erfolgreich ist, läßt sich wohl mit der Vorliebe der Deutschen für schäumenden Wein erklären, die es mit einem Pro-Kopf-Verbrauch von rund fünf Litern mehr prickeln lassen als die Franzosen, die Italiener oder andere Europäer. Freilich kann man rund 90 Prozent der angebotenen Ware unter qualitativen Gesichtspunkten vergessen. Vieles ist billige Marken- und auch Massenware, die in Supermärkten als „Lockvogel" herhalten muß und zum Teil zu Schleuderpreisen von unter 2 Euro weit unter dem Einstandspreis angeboten wird. Dieser Preis beinhaltet zudem noch ca. 1 Euro Sektsteuer sowie die Mehrwertsteuer. Man muß kein Rechenkünstler sein, um zu ermitteln, was vom Inhalt solcher Flaschen zu halten ist.

Wer Qualität sucht, wendet sich an kleinere Sektkellereien oder gleich an die Winzer, die auf diesem Feld seit einigen Jahren hellwach sind und Rebsortensekte nach dem Champagner-Vorbild erzeugen. Das bedeutet, daß die Vergärung nicht wie beim Markensekt im großen Tank, sondern in der Flasche stattfindet und die Reifezeit auf der Hefe mindestens neun Monate beträgt (manchmal sind es etliche Jahre). Zudem werden die Flaschen noch von Hand oder mit Maschinen gerüttelt, damit sich die Hefe, die eine zweite Gärung verursacht, in den Flaschenhals absondert. Diese Hefebestandteile werden erst kurz vor dem Verkauf aus der Flasche entfernt, indem der Flaschenhals vereist wird und somit die Hefe gefriert. Nach dem Entfernen des Korkens schießt die Hefe dann wegen des hohen Innendrucks aus der Flasche (man spricht auch vom „Degorgieren"), die nunmehr einen hefefreien und klaren Inhalt aufweist. Anschließend wird der Sekt noch dem gewünschten Geschmacksbild entsprechend mit einer geringen Menge von in Wein gelöstem Zucker (die sogenannte „Versanddosage", die hin und wieder sogar ein edelsüßer Wein sein kann) aufgefüllt und dann für den Verkauf endgültig verkorkt.

Die Entwicklung bei den deutschen Winzern ist interessant. Manche sind experimentierlustig und erzeugen aus roten Trauben den sogenannten Blanc de Noir (s. S. 14), oder sie arbeiten mit Cuvées (Zusammenfügen verschiedener Weine) wie in der Champagne und versekten gar Beerenauslesen. Gelegentlich haben sie auch den Mut zu extrem langem Lager auf der Hefe. Manchmal gelingt's. Das Resultat sind dann köstliche Sekte mit nur zartem Reifeton. Manchmal mißlingt's. Das Ergebnis kann man dann bedauerlicherweise nur noch

wegschütten. Erfreulich ist, daß die meisten „Schäumer“ in der Geschmacksrichtung „brut“ (maximal 15 g/l Restzucker) angeboten werden. Manche Produzenten sind sogar so mutig, auf die Dosage ganz zu verzichten. Das Resultat sind oft herrlich ungeschminkte, anregende Sekte, die man besonders gut als Aperitif anbieten kann.

Ein prickelnder Renner ist in Deutschland seit einigen Jahren auch der spanische Cava, der von der Machart dem Champagner entspricht, nur aus anderen Rebsorten erzeugt wird (Xarello, Macabeo, Parellada, seit einigen Jahren auch Chardonnay). Das Zentrum der spanischen Cava-Produktion befindet sich im Penedès (Katalonien). Der Erfolg des Cava auf dem deutschen Markt wird beeinflußt von dem starken Auftritt der eher preiswerten Marke Freixenet, die vorwiegend über den Lebensmittelgroßhandel verkauft wird. Wer gezielt im Fachhandel sucht, kann aber auch höherwertigen Cava aus Spanien entdecken.

Bei der Vorstellung schäumender Weine sollte man aber auf keinen Fall den Crémant übersehen. Hier handelt es sich gewissermaßen um einen „unehelichen Sohn“ des Champagners, der aus verschiedenen anderen Regionen (zum Beispiel Elsaß, Loire, Burgund) stammt, nach den Grundsätzen der Champagne hergestellt wird, aber deutlich preiswerter ist. Die Klasse eines wirklich guten Champagners vermag er allerdings nicht zu erreichen.

Die Bezeichnung Crémant gibt es in Frankreich bereits seit 1974. Theoretisch könnte sie inzwischen auch in anderen Ländern, z.B. Deutschland, benutzt werden. Doch da schon der französische Crémant hierzulande nicht besonders bekannt ist, wird man nicht erwarten können, daß deutsche Winzer auf Angaben wie „klassische Flaschengärung“ zugunsten der Bezeichnung „Crémant“ verzichten.

Eine weitere, wenig populäre Deklaration versucht Flagge zu zeigen. Im Norden Italiens gibt es seit einigen Jahren die Bezeichnung „Talento“; sie ist vor allem in Südtirol und im Trentino stärker verbreitet und stellt den Ersatz für den eigentlich gut eingeführten Begriff

Cava

Cava Brut Nature
Reserva de la Familia
Juve y Camps, SPANIEN
0,75 l, ca. € 14,50
Weinhandel Sansibar

Wem Champagner zu schwer und Prosecco zu leicht ist, der ist mit diesem fein duftigen, sehr trockenen „Sprudel“ gut beraten. Feines Mousseux dank ausreichend langer Flaschengärung bzw. Lagerung auf der Feinhefe.

„Spumante“ dar, der aber durch geschmacklich meist belanglose Markenware (viel Asti Spumante) sehr an Image eingebüßt hat. Auch der „Talento“ orientiert sich in der Produktion am Champagner.

Zum Klassiker der Schaumweine, dem Champagner, läßt sich in gebotener Kürze nur soviel sagen: Die Herkunft beschränkt sich ausschließlich auf die Champagne, es gibt recht strenge Regeln bei der Produktion, er hat eine lange Ausbauphase, und nur drei Traubensorten sind zugelassen – Pinot Noir, Pinot Meunier und Chardonnay –, und er ist oft wirklich köstlich.

Natürlich gibt es auch langweiligen Champagner, was nicht immer auf die saisonal präsentierte Billigware im Supermarkt und Discountladen zutreffen muß. Trotzdem sollte man solche Champagner eher meiden, das Qualitätsgefälle kann sehr groß sein. Die bekannteren Marken, die im Supermarkt stehen, weisen immer eine solide Qualität auf. Wer mehr will, sucht nach Prestige Cuvées oder Jahrgangs-Champagner, die meist der besondere Stolz einer Kellerei sind und aus höherwertigen Grundweinen gewonnen werden. Gute Champagner sind Ausdruck der Kunst der jeweiligen Kellermeister, die oft wahre Tüftler sind. Sie schaffen es, aus einer Vielzahl von Grundweinen, häufig aus unterschiedlichsten Gemarkungen und von verschiedenen Rebsorten, einen hochwertigen Champagner zu kombinieren, bei dessen Genuß man alles um sich herum vergessen kann.

brut

Häufige Geschmacksbezeichnung bei Sekt oder Champagner mit der Obergrenze von 15 g/l Restzucker. Schmeckt nicht so süß, wie das bei der gleichen Restzuckermenge beim Wein der Fall wäre, da die Kohlensäure den süßen Geschmack etwas verdrängt.

Frizzante

Der italienische Begriff für einen leicht prickelnden Perlwein. Der einfachere Prosecco und der Lambrusco sind bekannte Frizzante.

Die wichtigsten Rebsorten

Wie viele Rebsorten gibt es auf der Welt? Schon der römische Dichter Vergil (70–19 v.Chr.) urteilte vor mehr als 2000 Jahren allein über die Weinszene Griechenlands, es sei leichter, die Sandkörner an den Küsten zu zählen, als die zahlreichen Rebsorten des Landes zu nennen.

Trotz der heutigen wissenschaftlichen Kenntnisse, eine exakte Zahl aller auf der Welt angebauten Sorten kann immer nur eine ungefähre Schätzung sein. Der Wahrheit ziemlich nahe kommt sicher die deutsche Bundesforschungsanstalt für Rebenzüchtung im pfälzischen Siebeldingen, die eine Zahl von rund 16 000 Kulturreben nennt. Durch Züchtungen werden diese ständig vermehrt, wenngleich nicht mehr in jenem Tempo wie vor einigen Jahrzehnten.

Cuvée

Der Verschnitt von zwei und mehr Reb- bzw. Weinsorten mit der Zielsetzung, ein möglichst optimales Ergebnis zu erreichen. Wird in der Regel im Keller zunächst versuchsweise vorgenommen (auch: Assemblage).

So groß die Zahl der Sorten auch sein mag, weltweit haben dennoch nur relativ wenige wirklich Bedeutung – und die verstecken sich häufig noch hinter Gebietsbezeichnungen wie zum Beispiel Chablis (die Sorte Chardonnay) oder in sogenannte Cuvées (nahezu alle Rotweine im Bordeaux sind eine Mischung von zwei, manchmal auch drei Rebsorten, nämlich Cabernet Sauvignon, Merlot und Cabernet Franc).

Einige Rebsorten sind weltweit besonders gefragt. Das gilt vor allem für den nahezu überall angebauten Chardonnay, der oft so furchtbar langweilig schmeckt und kein Länderprofil hat, der aber auch ein großes Gewächs sein kann, das man mit Andacht genießt. Manche sind nur für einige Jahre in Mode, derzeit ist es der Pinot Grigio. Der Nachfolger wird wohl der Sauvignon Blanc. Andere bringen es zu einem gewissen Kultstatus wie der Elbling an der Obermosel bei Trier, der zwar nicht das Zeug zu einem Spitzenwein hat, aber durch seine herzerfrischende Unkompliziertheit gefällt. „Zin“ ist derzeit bei den Roten „in“. Dahinter verbirgt sich der tiefdunkle Zinfandel aus Kalifornien, ein wuchtiger, würziger Wein. Aber mit der Nachfrage kann es schnell wieder bergab gehen, wenn die Preise zu sehr steigen.

Jede der bedeutenden Rebsorten hat einen eigenständigen Charakter. Manche sind besonders fruchtbetont, andere auffallend würzig. Bei einigen ist das Aroma so ausgeprägt, daß der Kenner sofort erkennt, um welche Sorte es sich handelt. Andere präsentieren sich sehr diskret in der Nase und wollen erst auf der Zunge richtig erschlossen werden.

Auch dem Anfänger kann es Spaß machen, sich in dieses Geschmackslabyrinth zu begeben. Er wird sich im Gegensatz zum Profi jedoch erst langsam orientieren können. Am besten funktioniert die Übung in der Praxis mit dem gefüllten Glas. Aber auch die folgenden Hinweise zu den wichtigsten Weiß- und Rotweinsorten können eine gute Hilfestellung sein, um sich von A(lbalonga) bis Z(infandel) besser zurechtzufinden.

Die größte Sortenvielfalt bei den Weißweinen kann zweifellos Deutschland vorweisen. Beim Statistischen Bundesamt sind über 80 verschiedene Sorten erfaßt. Doch ein Großteil davon ist bedeutungslos. Juwel, Hölder, Fontanara, Comtessa, Rabaner und Co. haben keine Aussicht auf eine Karriere à la Chardonnay und Riesling.

Weiße Sorten

Albalonga

Fränkische Neuzüchtung von Rieslaner und Silvaner, die bislang jedoch relativ bedeutungslos ist, obwohl sie mittlerweile auch in der Pfalz und in Rheinhessen angebaut wird. Ist nur dann interessant, wenn mindestens eine Auslese herauskommt. Dann können es raffinierte Weine mit ausdrucksstarkem exotischem Aroma sein.

Chardonnay

Wer will noch mal, wer hat noch nicht? Chardonnay gibt es überall, wo Wein angebaut wird. Die traditionelle Rebsorte der Bourgogne, die in diesem berühmten französischen Anbaugebiet für einige der besten Weißweine der Welt steht (Montrachet, Chablis aus guten Häusern), machte weltweit Karriere. Denn vor allem die Neue Welt (Kalifornien, Australien, Südamerika) kommt den höheren Ansprüchen der Sorte an Klima und Lagen entgegen.

Guter Chardonnay duftet nach Nelken, Nüssen und Kräutern. Er kann sehr rassig und würzig ausfallen und eignet sich gut für den Ausbau in Barriques, was ihm aber meist eine regionale Identität nimmt, d.h., man kann nur noch dem Etikett, aber nicht mehr dem Geschmack entnehmen, ob er in Australien, Frankreich (ein Boom im Süden) oder Kalifornien gewachsen ist. Die Australier gehen deshalb mehr dazu über, auf die Lagerung in den neuen, kleinen Holzfässern zu verzichten. Die Bezeichnung „unwooded" erfreut sich zunehmender Beliebtheit.

Noch nicht ganz ausgelotet ist die Eignung des Chardonnay für edelsüße Spitzenweine (die Österreicher trumpfen hier gelegentlich mit tollen Ergebnissen auf). Wenn auf dem Etikett eines Weins aus der Champagne „Blanc de Blancs" steht, handelt es sich um einen reinen Chardonnay ohne Beigabe von Pinot Noir (Spätburgunder) und Pinot Meunier (Schwarzriesling), die in der Champagne ebenfalls zugelassen sind.

Chardonnay

2000 Chardonnay Altkirch
Schreckbichl
Alto Adige, SÜDTIROL
0,75 l, ca. € 7,45
Carl Testdorpf

Wunderbar frischer, eleganter Wein mit viel Mineralität, erfrischend, unkompliziert mit Chardonnay typischen Anklängen von Citrusfrüchten und Melone und das alles zu einem attraktiven Preis angesichts der hohen Qualität

Lange Zeit war der Chardonnay in Deutschland offiziell nicht zugelassen, obwohl er weltweit Geltung besaß. Das war ein Akt sturer Bürokratie. Aber dann rangen sich die Behörden doch zu einer Genehmigung durch; der Amtsschimmel beendete sein lautstarkes Wiehern. Und Chardonnay befindet sich auf dem Vormarsch. Schon vorher wurde er in einigen Regionen unter dem Namen Weißburgunder angebaut. Der unterscheidet sich zwar in kleinen Details bei den Blättern, der Beerenfarbe und letztlich auch im Geschmack (Chardonnay ist meist etwas würziger und kräftiger). Aber so genau nahm man es früher nicht. In der Literatur und auch in der Winzerschaft wird noch darüber gestritten, ob der österreichische Morillon a) identisch mit dem Chardonnay ist oder b) eine Mutation des Weißburgunders darstellt oder c) eine eigenständige Sorte ist. Die Mehrheit tendiert zu a).

Chenin Blanc

Diese Sorte wird in Deutschland noch nicht angebaut. Neben dem Sauvignon Blanc ist sie aber die wichtigste weiße Rebe an der Loire und steht Pate für die Weine der Gebiete Vouvray (neben herben auch bemerkenswerte Süßweine) und Saumur.

Die besten Chenins duften aufregend nach Honig und Kräutern, sind sehr dicht im Geschmack und haben eine rassige Säure. Leider wird das Potential der Sorte in etlichen anderen Ländern, wo sie größere Flächen belegt (Kalifornien, Australien, Südamerika, Südafrika, hier oft unter der Bezeichnung „Steen"), wenig genutzt. Die Ernten sind zu hoch, die Tugenden des Chenin Blanc kommen dadurch nicht mehr

Chenin Blanc

2002 Chenin Blanc
Laibach Inkawu
Stellenbosch, SÜDAFRIKA
0,75 l, ca. € 7,00
Weinhaus Gröhl Hamburg

„Nicht lagern, sondern trinken" lautet hier die Devise. Ein knackiger, unkomplizierter Chenin, den man am besten direkt trinkt. Er hat auch den blumigen Duft, der so typisch ist für diese Rebsorte.

zur Geltung. Dieses Menge-Güte-Gesetz gilt für die meisten Rebsorten. Je mehr Trauben an den Stöcken hängen, desto schwächer ist in der Regel die Qualität.

Elbling

Sauer macht lustig. Mit seiner meist stattlichen Säure ist der Elbling, der früher überall in Deutschland, heute aber nur noch an der Obermosel, an einigen Flecken des übrigen Moselgebiets sowie in Luxemburg angebaut wird, ein idealer Grundwein für die Sektproduktion. In den siebziger Jahren kam der zu riesigen Ernten neigende Massenträger Elbling auch wieder als selbständiger Wein ins Gespräch, weil er vom damaligen Bundespräsidenten Walter Scheel öffentlich gelobt wurde. Der Politiker und Genießer meinte zwar den herben Elbling aus Luxemburg, förderte damit aber letztlich den Wein vom deutschen Moselufer im Gebiet südwestlich von Trier.

Die schlauen Winzer erkannten, daß sich mit dem Elbling Staat machen ließ. Sie kreierten eine Elblingstraße, Elblingtrüffel, Elblingsalami, forcierten Elblingsekt und Tresterschnaps vom Elbling. Und sie verbesserten die Qualität der Weine, die grimmig sauer und dünn sein können. Ein guter Elbling dagegen ist herzerfrischend, knackig und riecht herrlich nach grünen Äpfeln. Eine meist nicht so interessante Variante ist die Mutation Roter Elbling (ein roséfarbener Wein).

Grauburgunder (Pinot Grigio)

Früher hieß der Grauburgunder Ruländer und paßte als solcher, weil meist süß, ölig und fett, nicht mehr so recht in die Szene, die in den achtziger Jahren zunehmend nach trockenen Weinen verlangte. Da besannen sich einige Winzer am Kaiserstuhl, darunter der bekannte „Rebell" Franz Keller aus Oberbergen, auf eine andere Stilrichtung: früher ernten, um mehr Säure zu erhalten, und durchgären lassen, bis kein Zucker mehr vorhanden ist. Für diese Weine wählte man die Bezeichnung Grauburgunder, während die alte Bezeichnung Ruländer den süßen Auslesen und Beerenauslesen vorbehalten blieb. Nach und nach übernahmen auch die anderen deutschen Gebiete den Sortennamen.

Ein typischer Grauburgunder ist am Bouquet eher neutral, im Geschmack kernig und würzig. Er paßt sehr gut zu vielen Gerichten. Die Sorte ist identisch mit dem italienischen Modewein Pinot Grigio, doch der „Pinogritscho" ist in der Regel so ausdrucksstark wie ein ausgelutschter Kaugummi.

Grüner Veltliner

Die wichtigste Sorte Österreichs, die eine wenig bekannte Bandbreite an Qualität zu bieten hat. Grüner Veltliner kann sowohl ein einfacher, anspruchsloser „Heuriger" sein (immer der Wein der letzten Ernte), ebenso aber ein finessenreicher „Kraftmeier", der in Vergleichsproben

Grauburgunder

2001 Grauburgunder Kabinett trocken
Weingut Michel
Achkarren, BADEN
0,75 l, ca. € 7,95
ab Weingut oder FISCHERS Weingenuß & Tafelfreuden

Einer der besten „kleinen" Grauburgunder, die das Jahr hervorgebracht hat. Ein idealer Essensbegleiter mit Substanz und herrlichem Schmelz, um in Kombination mit Speisen seinen Charakter zu wahren.

Grüner Veltliner

2001 Grüner Veltliner Panzaun
Weingut Ludwig Ehn
Langenlois, ÖSTERREICH
0,75 l, ca. € 6,–
ab Weingut

Österreichs Nationalrebsorte mit dem typischen „Pfefferl" hier in einer besonders ausdrucksvollen Variante. Schönes aromatisches Fruchtspiel mit feiner, saftiger Säure. Dieser Wein zu hellem Fleisch oder knusprig gebratenem Geflügel ist ein Gedicht!

① Muskateller
② Sauvignon Blanc

schon in der Lage war, Spitzen-Burgunder förmlich vom Tisch zu fegen. Vor allem die Weine der Wachauer Kategorie „Smaragd" (entspricht einer trockenen Auslese) und die „Granaten" aus dem benachbarten Kremstal und Kamptal haben oft die üppige Fülle und zugleich den Nuancenreichtum eines großen Weines. Typisch für den Wein ist das „pfeffrige" Aroma. Ein guter Grüner Veltliner hat eine ausgezeichnete Haltbarkeit (20 Jahre und mehr). Zunehmend wird die Sorte für edelsüße Spezialitäten (auch Eisweine) genutzt.

Grüner Veltliner wird außerdem noch in den osteuropäischen Nachbarländern Österreichs angebaut, erreicht dort aber nicht die Qualität wie in den Regionen an der Donau. Mit dem Roten Veltliner und dem Frühroten Veltliner ist der Grüne Veltliner jedoch nicht verwandt.

Gutedel

2001 Gutedel Qualitätswein trocken
Weingut Blankenhorn
Schlingen, BADEN
0,75 l, ca. € 4,90
ab Weingut

Ein saftiger, bodenständiger Gutedel, der zart nach Birne duftet. Ein idealer Partner zum Schinkenbrot. Powerfrau Roy Blankenhorn ist Vorstand von Vinissima (Frauen & Wein e. V.) und produziert den besten Gutedel der Region.

Gutedel

Was so nobel klingt, ist eigentlich nur ein ganz normaler, süffiger Zechwein, der im badischen Markgräflerland Tradition hat und früher auch „Markgräfler" hieß. Typischer Gutedel duftet nach Nüssen und ist im Geschmack weich, rund, mit geringer Säure. In den letzten Jahren versuchen die Winzer in der Region südlich von Freiburg durch gezielte Mengenreduzierung und längere Reife mehr aus der Sorte herauszuholen. Hin und wieder reicht es für Spätlesen und gelegentlich sogar für Auslesen. Sogar Eisweine in passabler Qualität konnten bereits eingebracht werden.

In der Schweiz heißt der Gutedel Chasselas oder Dorin (in der Waadt), doch diese Sortenbezeichnungen findet man nur selten auf dem Etikett. Der bekannte Fendant aus dem Wallis ist nichts anderes als ein Chasselas. Die Schweizer setzen beim Fendant auf den biologischen Säureabbau. Die Weine werden dadurch noch säurearmer, prickeln und entwickeln oft ein Aroma, das an Joghurt oder Sauerkraut denken läßt. In Baden wird diese Variante von einigen Erzeugern kopiert und „Chasslie“ genannt. In der Fachsprache gibt es auch die Begriffe Milchsäuregärung oder malolaktische Gärung für den Säureabbau. Verursacher sind natürliche Bakterien, die eine „scharfe“ Apfelsäure in weiche Milchsäure umwandeln.

Kerner

Die Weinsberger Neuzüchtung von Trollinger und Riesling, die nach dem durstigen Dichter Justinus Kerner benannt ist, hat es in 35 Jahren seit ihrer Erstpflanzung in Deutschland auf mehr als 7700 Hektar Anbaufläche gebracht. Damit nimmt er – etwa gleichauf mit dem Silvaner – den dritten Platz hinter Riesling und Müller-Thurgau ein. Nur: Kenner trinken kaum Kerner. Die Sorte wird zwar oft mit dem Riesling verglichen, aber dieser Vergleich ist mehr als gewagt. Der Kerner gerät zwar recht würzig, hat aber nur äußerst selten geschmacklichen Tiefgang und Eleganz.

Müller-Thurgau (Rivaner)

1882 kreuzte Professor Hermann Müller aus dem Schweizer Kanton Thurgau während seiner züchterischen Tätigkeit in der Forschungsanstalt Geisenheim (Rheingau) eine neue Sorte, die später nach ihm und seiner Herkunft benannt wurde. Die Österreicher und Schweizer nennen sie noch heute Riesling x Silvaner, weil dies lange das vermutete „Elternpaar“ war. Nach neueren Erkenntnissen war statt dem Silvaner der Gutedel (Chasselas) mit im Spiel, so daß wohl der alte Doppelbegriff irgendwann gestrichen wird.

Müller-Thurgau war in Deutschland lange Zeit sehr beliebt und wurde erst vor einigen Jahren wieder vom Riesling in der Spitzenposition abgelöst. Ursache für die weite Verbreitung war weniger die hohe Qualität (die meisten Weine sind leicht, süffig, blumig, mit etwas Muskatduft) als die Ertragssicherheit.

Heute sind diese eher alltäglichen Weine (die aber oft erstaunlich gut zur exotischen Küche passen) weniger gefragt. Der Geschmackswandel verlangte nach mehr Säure, betont herbem Ausbau und anregender Kohlensäure, die für ein leichtes Prickeln auf der Zunge sorgt (moderne Kellertechnik macht die Erhaltung der natürlich entstehenden Kohlensäure möglich). Der Name Rivaner als Kürzel für Riesling x Silvaner ist nicht mehr ganz aktuell, aber gleichwohl noch in einigen deutschen Gebieten in Gebrauch.

Muskateller

Die hocharomatische Sorte, die in südlichen Ländern auch Moscato oder Muscat genannt wird, gehört zu den „Senioren“ unter den Reben. Sie war bereits den alten Griechen und Römern bekannt.

Rivaner

2001 Rivaner Qualitätswein trocken
Weingut Scherner-Kleinhanß
Flörsheim-Dalsheim, RHEINHESSEN
0,75 l, ca. € 3,40
ab Weingut

Die passende Antwort auf die in den 70er Jahren so sehr beliebte Massenertragsrebsorte Müller Thurgau. Rivaner ist nämlich das gleiche. In diesem Fall allerdings Klasse statt Masse, eher Qualität und Finesse. Zarte Blütenaromen und ein Duft nach Birne und Apfel prägen diesen feinen Rivaner, den man locker wegtrinken kann.

Muskateller

2001 Muskateller Spätlese
Weingut Ökonomierat Rebholz
Siebeldingen, PFALZ
0,75 l, ca. € 11,00
ab Weingut

Ein frecher Muskateller mit feiner Fruchtsüße, zartem Rosenduft, Finesse und spritziger Säure. Herrlich zum Wohlfühlen auf der Terrasse bei Sonnenschein und ideal als Aperitif.

Riesling

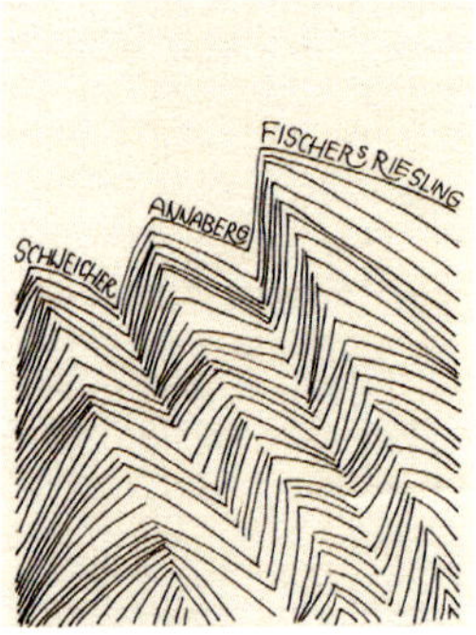

2001 FISCHERS Riesling
Weingut Heinz Schmitt
Leiwen, MOSEL
0,75 l, ca. € 6,50
FISCHERS Weingenuß & Tafelfreuden

Ein saftig-fruchtig-frischer Riesling, der unkomplizierten Weingenuß bereitet. Voraussetzung für die hohe Qualität ist Ertragsreduzierung im Weinberg und langsames, kühles Vergären. Einfach lecker!

Ihre Verbreitung ist allerdings eher gering, weil sie sehr hohe Ansprüche an Lage und Klima stellt und nicht sonderlich ertragreich ist. In der Pfalz war der Muskateller früher als Cuvée-Partner für Riesling (mildert die Säure, verfeinert den Duft) beliebt. Heute ist ein sortenreiner Ausbau üblich. Prächtige Muskateller gibt es am Kaiserstuhl und in der Pfalz sowie in der Steiermark. Der Wein paßt hervorragend zu panierten Gerichten (Wiener Schnitzel, Backhendl). Der ähnlich aromatische Muskat-Ottonel ist vermutlich eine Spielart des Muskateller.

Riesling

Dem erfolgreichen Chardonnay zum Trotz: Der Riesling ist die beste und variantenreichste Weißweinsorte der Welt. Wenn man sie läßt! Leider wird der Riesling manchmal durch zu hohe Erträge, wenig Sorgfalt beim Ausbau und allzu dicke „Kosmetik“ mit Süße zu einer Karikatur seiner selbst. Dabei kann er als herber Wein mit feiner Frucht und elegantem Säurespiel prunken. Und als edelsüßer Wein (Auslese, Beerenauslese, Trockenbeerenauslese) ist er nahezu konkurrenzlos. Diese Weine geraten ausgesprochen raffiniert, sind cremig in der Frucht und durch ihre feine Säure angenehm nervig auf der Zunge. Ein guter Riesling kann wie ein erfrischender Gebirgsbach wirken und wahre Glücksgefühle verursachen.

Das Bouquet vermag besonders faszinierend auszufallen: Man riecht Grapefruit, Ananas, Pfirsich und Mango. Im höheren Reifestadium sprechen Kenner vom „Petrolton“. Und wenn die Trauben von Edelfäule befallen waren (s. S. 18) und einen hochrangigen Prädikatswein ergeben, dann erkennt man Honig, Karamel und Bitterschokolade.

Spitzen-Rieslinge wachsen am Rhein, an Mosel-Saar-Ruwer sowie im Elsaß und in Österreich in der Wachau.

Sauvignon Blanc

Diese Sorte ist im Bordeaux (auch als häufiger Verschnittpartner für Semillon) und an der Loire (als Sancerre und Pouilly-Fumé) zuhause, schickt sich aber allmählich an, die weite Welt zu erobern. Besonders geschätzt wird sie mittlerweile in Kalifornien, Chile, Südafrika, Australien und Neuseeland (hier ist sie *die* Weißweinsorte schlechthin). Vielversprechend sind auch erste Ergebnisse aus deutschem Versuchsanbau.

Ausgereifter Sauvignon Blanc duftet fein nach Stachelbeeren und Holunder und ist im Geschmack so würzig, daß er auch scharfe asiatische Gerichte gut begleitet.

Scheurebe

Eigentlich sollte die von Georg Scheu 1916 in Alzey gezüchtete Sorte aus Silvaner und Riesling „Scheu's Riesling“ heißen. Doch der Rebenzüchter wußte, daß sein Name in Rheinhessen als „Schei“ ausgesprochen würde …

So kam es zur in Deutschland recht erfolgreichen Scheurebe. Viele sehen in ihr die wertvollste aller Neuzüchtungen. Im Geschmack ist die Ähnlichkeit mit Riesling groß.

Eine gute Scheurebe hat viel Saft, Frucht, gerät ausgesprochen rassig und ist lange haltbar. Tpyisch und fein das Aroma: Johannisbeere pur.

Sémillon

Die Heimat des Sémillon ist Bordeaux, und hier wiederum insbesondere die Süßweinregion Sauternes. Da Sémillon anfällig für die erwünschte Edelfäule ist, eignet sich die Sorte sehr gut für die Erzeugung edelsüßer Spitzenweine, in der Regel in Partnerschaft mit Sauvignon Blanc. Aber sie kann auch hervorragende herbe Weißweine hervorbringen. Das beweist sie nicht nur im Bordelais (Region Graves), sondern ebenso in Chile (wo die Weine allerdings meist recht „fett" ausfallen) und in Australien, wo der hier besonders kräftig und würzig anmutende Sémillon eine manchmal erstaunliche Haltbarkeit als trockener Wein entwickelt. Gern wird er seit einigen Jahren mit Chardonnay verschnitten.

Silvaner

Die Deutschen unter Federführung der Franken und Rheinhessen widmeten dem Silvaner im September 1999 sogar ein eigenes Symposium, um die einst weit verbreitete und in Deutschland sogar vor dem Riesling führende Sorte wieder zu forcieren. Die Rheinhessen leisteten in der Vergangenheit bereits mit ihrem trockenen „Rheinhessen-Silvaner" in einer prägnanten gelb-schwarzen Etiketten-Ausstattung eine gewisse Wiederaufbauarbeit. In Franken, wo die Sorte vor mehr als 300 Jahren aus Österreich eingeführt wurde (und deshalb zeitweilig sogar „Österreicher" hieß), bringt der Silvaner zweifellos die besten Qualitäten. Durch seine eher neutrale, aber im Geschmack angenehm würzige Art ist er ein vielseitiger Begleiter zur Küche.

Traminer (Gewürztraminer)

Stellen Sie sich vor, Sie stehen mitten im Blumenladen und sind umringt von Rosensträußen. Ungefähr so duftet ein ausgeprägter Traminer. Die Sorte ist uralt und war vermutlich schon vor 3000 Jahren den griechischen Winzern bekannt. Ihren Namen hat sie wohl vom Südtiroler Weindorf Tramin, wo sie nachweislich seit etwa 1000 Jahren angebaut wird.

Daß die wertvolle Kultursorte, die sehr aromatische, elegante und kraftvolle Weine hervorbringt (besonders in Baden, der Pfalz und im Elsaß) nicht weit verbreitet ist, liegt an ihren launischen Erträgen.

Gewürztraminer

2000 Gewürztraminer
Sächsischer Landwein
Weingut Klaus Zimmerling
Dresden, SACHSEN
0,5l, ca. € 12,–
ab Weingut

Dieser Gewürztraminer vom königlichen Pillnitzer Weinberg hat den typischen Duft nach Rosen und orientalischem Gewürz. Dabei besitzt er einen wahnsinnig intensiven Geschmack und hat wenig Säure. Richtig cremig, lang anhaltend auf der Zunge. Diesen hier sollte man unbedingt zu pikanter Thai-Küche versuchen.

Weißburgunder (Pinot Blanc)

Weißburgunder ist eine Mutation des Grauburgunders (Ruländer). Dieses Spiel der Natur vollzog sich bereits vor einigen hundert Jahren. Lange Zeit stand der Weißburgunder im Schatten des Chardonnay und wurde sogar oft mit ihm in einen Topf gesteckt. Aber heute weiß man, daß es sich um eine eigenständige Sorte handelt, die vor allem in der Pfalz und in Baden mit feinwürzigen, pikanten Weinen mit herber Stilrichtung (alles andere ist Humbug, nur edelsüße Varianten haben ihre Berechtigung) zu guter Form aufläuft. Dabei übertrumpft sie sogar den dominanten „Verwandten“ Chardonnay.

Rote Sorten

Cabernet Franc

1997 Anjou-Village „Pierre Bise“
Château Pierre Bise
Loire, FRANKREICH
0,75 l, ca. € 8,–
Weinimport Dr. Guido Kohler

Wer glaubt, von der Loire kommen nur leichte „Rotweinchen“, sollte diesen reifen, rassigen Wein probieren. Zu 100% aus Cabernet Franc mit der typisch pikanten Frucht ist er ein großartiger Begleiter zu Reh und anderen Wildgerichten. Er hinterläßt einen lang anhaltenden Geschmack auf der Zunge.

Rotwein boomt weltweit, seit Mediziner in verschiedenen Ländern festgestellt haben, daß einige Inhaltsstoffe dazu beitragen, daß das Herzinfarkt-Risiko um bis zu 40 Prozent verringert werden kann. Allein dies ist schon ein guter Grund, sich mit roten Sorten zu befassen.

Cabernet Franc

Diese Sorte unterscheidet sich vom populäreren Cabernet mit dem Zusatz „Sauvignon“ nicht nur durch die Blattform und die frühere Reife. Sie liefert in der Regel auch etwas leichtere, weniger tanninbetonte Rotweine, die aber trotzdem recht robust sein können. In französischen Gebieten wird zwischen den beiden Sorten differenziert, während man es im Norden Italiens (Friaul, Südtirol) oft nicht so genau nimmt und mit der einfachen Deklaration „Cabernet“ die neugierigen Konsumenten rätseln läßt.

Sortenreiner Ausbau ist in Frankreich an der Loire üblich, während Cabernet Franc im Bordelais Bestandteil der Cuvées, meist mit Cabernet Sauvignon und Merlot, ist. Erst vor wenigen Jahren ergab eine Reb-Erbforschung, daß Cabernet Franc und Sauvignon Blanc die „Eltern“ vom Cabernet Sauvignon sind. Wo die Kreuzung entstand, ist nicht bekannt. Auch eine natürliche Variante ist theoretisch möglich.

In Deutschland ist Cabernet Franc vorläufig nur im Versuchsanbau erlaubt, weil die Sorte noch nicht offiziell zugelassen ist. Erste Ergebnisse aus der Pfalz sind vielversprechend.

Cabernet Sauvignon

Diese Sorte gehört zu den wertvollsten Roten mit weltweiter Verbreitung. In Bordeaux war sie schon vor 200 Jahren „die Traube ohne Makel". Das ist sie freilich nur, wenn die Erträge gedrosselt werden. Ansonsten kann der Cabernet Sauvignon als unreifer Wein sehr grün und ruppig sein. Auch ein guter Cabernet ist in der Jugend häufig abweisend und besonders gerbstoffbetont. Seine wahre Qualität zeigt er erst nach einigen, manchmal erst nach etlichen Jahren. Die meisten Spitzenweine des Bordelais weisen einen mehr oder weniger großen Anteil Cabernet Sauvignon in Verbindung mit Merlot auf.

Angebaut wird die Rebe weltweit, oft sortenrein. Topweine kommen aus Kalifornien und Australien. Beachtlich ist die Entwicklung in Österreich. In Deutschland laufen Versuche mit guten Resultaten, die die einstigen Vorbehalte von Behörden („wird in Deutschland nicht reif") als bürokratische Bequemlichkeit entlarven.

Gamay

Wenn Sie den fruchtigen, unkomplizierten Beaujolais kennen, der als Jungwein bereits um den 20. November auf den Markt kommt, dann kennen Sie auch Gamay. Denn das ist die einzige rote Sorte für den bekannten Wein aus der südlichen Burgunderregion. Die Reben sind frühreifend. Die Weine, die sich im Keller schnell verarbeiten lassen und so den Verkauf schon einige Wochen nach der Ernte als „Beaujolais Nouveau" zulassen, duften oft nach Erdbeeren und Bananen und sind im Geschmack saftig, prickelnd und weich in der Säure. Daß Gamay mehr kann, als einen schnell zu trinkenden Wein liefern, erkennt man am höherwertigen Beaujolais mit der Zusatzbezeichnung „Villages" oder den verschiedenen Crus (Spitzenlagen) der Region aus Dörfern wie Fleurie, Moulin-à-Vent, Morgon, Regnié.

Gamay

2000 Brouilly Domaine Demiane
Jacques Dépagneux
FRANKREICH
0,75 l, ca. € 9,75
Französische Edelweine, Tony van den Broeke

Im Beaujolais gibt es 10 Crus, die in der Qualität weit über dem leider so bekannten „Primeur" stehen. Brouilly ist eines davon. Jaques Depagneux ist Négociant in Juliènas und Inhaber eines der besten Beaujolais-Handelshäuser.

① Spätburgunder
② Zinfandel
③ Ruländer
④ Merlot
⑤ Cabernet Sauvignon

Lemberger (Blaufränkisch)

Auch auf die Gefahr hin, daß die Württemberger empört aufjaulen: Leider nutzen die „Wengerter" (der mundartliche württembergische Begriff für Weingärtner) die zweifellos vorhandenen Tugenden ihrer wertvollsten Rotweinsorte höchst unzureichend aus. Die Erträge sind oft zu hoch, um noch einen charaktervollen Wein zu erzeugen. Und durch die vielfach in größeren Kellern praktizierte Maischeerhitzung (s. S. 15) bekommen die Weine einen süßlichen „Kochton" wie Marmelade.

Einige Ausnahmen machen Hoffnung. Auch die wenigen Lemberger-Anlagen außerhalb Württembergs (Baden, Franken, Pfalz) zeigen, daß ein behutsamer Umgang mit der Sorte gute Qualität liefert. Die Österreicher wissen das schon lange. Unter der Bezeichnung „Blaufränkisch" erfreut sich die Rebe in Österreich großer Beliebtheit; das Mittelburgenland, wo sie besonders gut gedeiht, heißt inoffiziell „Blaufränkischland".

Merlot

Weich, geschmeidig, elegant, füllig, fruchtig, würzig, all das sind passende Adjektive für diese Sorte, die in Frankreich gern als „Juniorpartner" für den Cabernet Sauvignon angesehen wird. Aber daß sie in der Lage ist, selbständig Großes zu vollbringen, zeigen am besten die hochbewerteten, teuren Weine von Château Petrus (Pomerol in Bordeaux).

Der Merlot wird in Südfrankreich (Languedoc) zunehmend geschätzt, ebenso im nördlichen Italien. Stark ist der Zuwachs in Kalifornien. In der italienischen Schweiz, im Tessin, ist der Merlot die

4

5

bestimmende Rebsorte. Und auch in Österreich und in osteuropäischen Ländern (Bulgarien vor allem) ist er für Überraschungen gut. In Deutschland ist er bislang eine Rarität.

Nebbiolo

Barolo und Barbaresco sind Namen von Rotweinen, bei denen Kenner mit der Zunge schnalzen. Verantwortlich für diese Weine aus dem Piemont ist die wertvolle alte Nebbiolo, die schon im 13. Jahrhundert bekannt war. Sie liefert sehr kräftige, robuste Weine mit anfangs verschlossener Frucht, reichlich Gerbstoff und stattlicher Säure sowie dezenter Bitternote (eine ideale „Begleitmusik“ z. B. zu allen Gerichten mit Trüffeln). Gewisse Bedeutung hat die Sorte außerdem noch im Valtellina in der Lombardei, wo sie allerdings Chiavennasca heißt.

Pinotage

1925 wurde in Südafrika aus Pinot Noir und Cinsault eine eigenständige Rebsorte gekreuzt, die sich lange Zeit keiner besonderen Beliebtheit erfreute, dann im Anbau zunahm, wieder abnahm und seit einigen Jahren eine erfreuliche Resonanz verzeichnet, mit einer deutlichen Hinwendung zur Spitzenqualität.

Die tiefdunklen Weine sind füllig und in der Frucht sehr ausgeprägt. Typisch ist das etwas eigenwillige Aroma, das an Lack und Bleistift erinnert. Guter Pinotage kann alt werden. Auf der ProWein 1999 in Düsseldorf, der großen deutschen Weinfachmesse, wurden ein 1969er und ein 1972er vorgestellt, die mit ihrer feinen, reifen Frucht angenehm überraschten.

Nebbiolo

1999 Nebbiolo d'Alba
Wirna Bourgogno
PIEMONT
0,75 l, ca. € 11,–
Der Weinmohr

Hier dominieren die Fruchtaromen von Himbeeren und Veilchen in der Nase. Ein strammer, saftiger Körper schneidet vor allem fettreiches, rustikales Essen. Sozusagen ein „Mini-Barolo“.

Spätburgunder

2001 „Us de lameng“
(Spätburgunder, Dornfelder)
Weingut Meyer-Näkel,
Dernau, AHR
0,75 l, ca. € 9,00
ab Weingut

Werner Näkel, einer der deutschen Rotwein-Starwinzer, hat mit dieser Cuvée einen idealen Wein für viele Gelegenheiten kreiert. „Us de lameng“ ist ein rheinischer Ausdruck, der soviel bedeutet wie: „aus dem Ärmel gezaubert“.

Sangiovese

Diese Sorte ist zwar die meistangebaute Rotweinrebe Italiens, aber inzwischen ist ihr Name schon häufiger auf den Etiketten von US-Weinen (nicht mehr nur Kalifornien) zu lesen als auf denen in Italien. Dort wird sie hauptsächlich in Mittelitalien und hier wiederum vor allem in der Toskana angebaut. Der berühmte Chianti besteht zu mindestens 90 Prozent aus Sangiovese. Auch bei den meisten hochwertigen Vini da Tavola, die salopp als „Super-Toskaner“ bezeichnet werden, spielt Sangiovese eine wichtige Rolle.

Eine Variante, die Sangiovese Grosso, läßt im Brunello di Montalcino, einer Spitzenregion innerhalb der Toskana, die Robustheit, Konzentration und mögliche Alterungsfähigkeit der Sorte erkennen.

Spätburgunder (Pinot Noir)

Er ist seit mindestens 1500 Jahren bekannt, weltweit verbreitet und läuft vor allem im Burgund zu großer Form auf (wobei die Preise meist mithalten). Die leider nicht seltenen, unangenehm nach Kellertreppe riechenden Burgunder sind auf mangelhafte Sorgfalt beim Ausbau zurückzuführen.

Ein guter Pinot Noir (die international gängige Bezeichnung) ist weich, geschmeidig, feinmaschig und duftet nach Johannisbeere und Kräutern.

Daß es auch viele mäßige Pinots gibt, ist dem höchst unterschiedlichen Klonenmaterial (Pflanzgut) zuzuschreiben. Es gibt Varianten, die sehr reich tragen, aber schlechte Qualität liefern. Deshalb besorgen sich deutsche Spitzenwinzer, die in den letzten Jahren mit dieser Sorte Furore machten, zunehmend besseres Pflanzgut aus Frankreich. Die besten deutschen Burgunder wachsen in der Pfalz und in Baden, wo der Spätburgunder außerdem als fruchtiger Rosé oder hellroter Weißherbst mit schöner Herbe und Muskelkraft geschätzt wird.

Syrah (Shiraz)

Das sind Weine mit Power und Charakter! An der Rhône ist Syrah die wichtigste Sorte, ohne jedoch selbständig auf dem Etikett aufzutauchen. Denn die meisten namhaften Gewächse dieses Gebietes bis hin zum roten Hermitage und zum Châteauneuf-du-Pape und auch der normale, einfache Côtes-du-Rhône sind Cuvées – doch Syrah ist ihr wichtigster Bestandteil.

Wer die Eigenständigkeit der Sorte mit ihrem konzentrierten Geschmack und ihrer ausgeprägten, pfeffrigen Würze im Aroma kennenlernen will, muß sich an den australischen Shiraz halten. Einer der besten Rotweine der Welt, der Grange Hermitage von Penfolds, ist sortenreiner Shiraz.

Gewissermaßen auf der Kleinbühne des sporadisch betriebenen Versuchsanbaus hatte der Syrah schon seine ersten verheißungsvollen Auftritte in Deutschland (Pfalz) und Österreich (Burgenland).

Tempranillo

Dem Namen hört man schon an, wo die Sorte hauptsächlich verbreitet ist. Da steckt spanisches Temperament drin! Auch im Glas. Freilich ist der früh reifende, tiefdunkle und würzige Tempranillo nur selten ein Einzelgänger. In seinem bedeutendsten Herkunftsgebiet Rioja wird er mit Garnacha vermählt.

Außerhalb Spaniens hat die Rebe noch keine bedeutende Karriere gemacht. Nur in Portugal faßte sie etwas Fuß und findet unter anderem in der Portweinproduktion Verwendung.

Trollinger

Darüber kann man munter streiten: Ist Trollinger eigentlich Rotwein oder „roter Wein“ oder eigentlich eher Rosé? Sei's drum: Für die Württemberger, die einzigen, die sich in Deutschland mit dieser Rebe befassen, ist die Sorte so etwas wie Muttermilchersatz. Ein Tag ohne Trollinger sei ein verlorener Tag, behaupten die Schwaben – während die Genießer nur milde lächeln und sich anderen Weinen zuwenden.

Die reichtragende Sorte hat ihre Berechtigung als Alltagswein, für Württemberg hat sie sogar wirtschaftliche Bedeutung. Hin und wieder kann sie interessante Rotweine, aber nie wirklich große Gewächse liefern.

Der Name leitet sich vermutlich ab von „Tirolinger“. Südtirol gilt als Heimat der Rebe; nur heißt sie in diesem Gebiet Vernatsch (und beim südlichen Nachbarn Trentino Schiava) und steht Pate für die Weine, die unter den Bezeichnungen Kalterersee und St. Magdalener bekannt sind.

Syrah

1998 Crozes-Hermitage
Domaine les Chenêts
Rhône, FRANKREICH
0,75 l, ca. € 9,95
Der Weinmohr

Ein „kleiner“ Bilderbuchsyrah mit viel Röstaromen, Lakritz, Soja und einer würzig-süßlichen Note, die einen an Heidelbeeren denken läßt. Voll entwickelt und noch sicherlich weitere 3 bis 4 Jahre in der besten Genußphase. Macht richtig Spaß zu derbem Essen oder Wild.

Tempranillo

2001 Dominio de Berzal Tinto
Hermanos Berzal Troncoso
Rioja, SPANIEN
0,75 l, ca. € 6,60
La Tienda

Dieser frische, herzhafte Jungwein aus der Rebsorte Tempranillo präsentiert sich mit reifen Fruchtaromen, feiner, samtiger Reife und gut eingebundener Tanninstruktur.

Zinfandel

Zinfandel kann ein „Schwarzenegger im Glas“ sein. Der rote „Zin“ hat als Wein soviel Muskeln wie der kraftstrotzende Filmstar. Erstklassiger Zinfandel ist tiefdunkel, dicht und riecht und schmeckt nach Brombeeren. In Kalifornien hat er soviel Geltung, daß die Produzenten nicht mal mit dem süßen Rosé „White Zinfandel“ bislang an seinem Image kratzen konnten.

Diese Sorte gelangte schon recht früh nach Kalifornien. Davon zeugen die ältesten Rebstöcke des Landes mit einem Greisenalter von weit über 100 Jahren.

Mittlerweile ist es nach langen Forschungen aufgrund eines genetischen Fingerabdrucks bewiesen, daß es sich beim Zinfandel um den süditalienischen Primitivo handelt.

Zinfandel

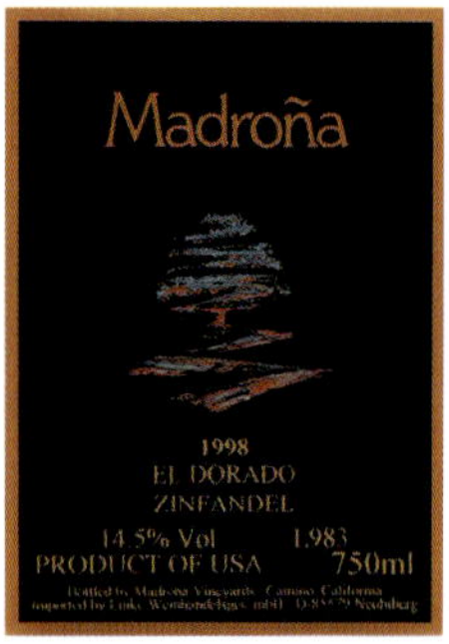

1998 Zinfandel El Dorado
Madrona Vineyards,
KALIFORNIEN
0,75 l, ca. € 14,50
Linke Weinhandelsgesellschaft

Aus diesem kleinen Familienbetrieb am Fuße der Sierra Nevada kommen köstliche Weine. Dieser Zinfandel hat ein wunderbar pflaumiges Aroma und vollen Geschmack. Ideal für ein Barbecue oder zu scharf gebratenem Fleisch.

Zinfandel

2000 Carmenère
Vina Caliterra
Valle Cenral, CHILE
0,75 l, ca. € 8,90
Weinland Mövenpick

Die Carmenère kam ursprünglich aus Bordeaux. Heute ist sie dort so gut wie gar nicht mehr vorhanden. Schade! In Chile hat sie dafür ihre neue Heimat gefunden. Denn die sehr würzigen, fast pfeffrigen Noten, die sie mit sich bringt, können einen köstlichen fruchtbetonten und mundausfüllenden Wein ergeben wie diesen hier!

Zinfandel

1998 Mad Zinfandel
R. H. Phillips
Kempton Clark
Dunnigan Hills
0,75 l, ca. € 12,00
Schütz Weinimport

Mad bedeutet verrückt und das kann man getrost auch von diesem Wein behaupten. Ein Spaßwein mit verrückter Aromatik: Sauerkirsche, Blaubeeren, Schwarze Johannisbeeren, würzige Noten, extrem konzentriert und dicht, fast ein wenig marmeladig.

Das Etikett – die Geburtsurkunde des Weins

Im Weinbau ist vieles reglementiert, bis hin zur Schriftgröße bestimmter Angaben auf dem Etikett. Wehe, ein Winzer verstößt dagegen und fällt bei der Weinkontrolle auf. Dann muß er vielleicht wegen ein paar Millimetern eine ganze Partie neu etikettieren.

Jahrgang

In einem guten Jahrgang mit optimaler Witterung schaffen es die meisten Winzer, zumindest einen ordentlichen Wein zu erzeugen. In schlechten Jahren mit viel Regen und kühlen Temperaturen gelingt es dagegen meist nur den besonders engagierten Erzeugern, nicht im Mittelmaß unterzugehen.

Die Deutschen nehmen es hier sehr genau und halten sich exakt an die Vorschriften der Europäischen Union. Andere Länder, andere Sitten. Zwar unterliegen sie der gleichen Gesetzgebung. Aber die Weinkontrolle ist vielfach toleranter – in solchen Fällen mit Recht.

Wichtig ist vor allem, daß der Inhalt der Flasche und die „Geburtsurkunde" übereinstimmen. Das heißt, wenn „Riesling" auf dem Etikett steht, sollte auch nur Riesling in der Flasche sein. Aber es gibt in einigen Ländern teilweise in solchen Fällen, wie beim Jahrgang, andere Regeln (Details dazu auf den folgenden Seiten).

Viele Konsumenten wissen mit den Angaben auf den Etiketten wenig anzufangen. Besonders die Etiketten deutscher Weine werden als ziemlich kompliziert empfunden. Weil die Etiketten durch die gesetzlichen Vorschriften überladen wirken, sind immer mehr Erzeuger dazu übergegangen, einige Angaben auf einem einfachen Rückenetikett zu vermerken. Das grafisch gestaltete Schmucketikett enthält dann vielfach nur noch den Namen des Erzeugers, Sorte und Jahrgang – wenn überhaupt.

Welche Regeln in welchem Land gelten, ist für die wichtigsten Weinbauländer im folgenden beispielhaft aufgeführt. Das Kapitel Deutschland ist dabei zwangsläufig besonders umfangreich.

Das Studium eines deutschen Weinetiketts ist für unerfahrene Genießer nicht unbedingt eine kurzweilige Angelegenheit. Denn viele Angaben sind Pflicht.

Deutschland und Österreich

Lage

Die weitgehend fest umrissene Flur im Weinberg oder -garten. Lagen können sehr klein sein (unter einem Hektar), aber auch sehr groß (einige hundert Hektar).

(1) Das Anbaugebiet

Es muß immer vollständig aufgeführt sein, also Mosel-Saar-Ruwer und nicht nur „Saar", „Ruwer" oder „Mosel". Es ist nicht einmal zulässig, etwa auf die genaue Herkunft „Ruwer" durch eine fettere Schrift oder eine Unterstreichung hinzuweisen. Gleiches gilt auch für „Saale-Unstrut".

(2) Der Jahrgang

Die Angabe des Jahrgangs ist dann zulässig, wenn mindestens 85 Prozent des Weines aus dem betreffenden Jahrgang stammen.

(3) Die Lage

Hier handelt es sich um eine der Spitzenlagen an der Mittelmosel. Ein Hinweis auf diese (Spitzen-)Wertigkeit ist aber nicht zulässig. Die Lage kann genannt werden, wenn der Wein mindestens zu 85 Prozent von dieser Anbaufläche kommt. In Deutschland gibt es die Einteilung nach Groß- und Einzellagen. In den 13 deutschen Anbaugebieten gibt es mehr als 150 Großlagen, die nach amtlicher Definition „maßstäblich vergrößerte Einzellagen mit gleichartigen klimatischen und geologischen Bedingungen" sind. Einzellagen gibt es annähernd 2700.
Es soll sich dabei um einen jeweils „sehr eng abgegrenzten Weinberg" handeln. Das ist manchmal auch tatsächlich der Fall, einige Einzellagen umfassen nicht mal einen Hektar. Die größte deutsche Einzellage, Venninger Doktor in der Pfalz, weist hingegen 450 Hektar Fläche auf; sie ist damit so groß wie das selbständige Anbaugebiet Hessische Bergstraße und um einiges größer als die Weinregion Sachsen (rund 330 Hektar). Das Problem für den Verbraucher besteht darin, daß er dem Etikett nicht entnehmen kann, ob es sich bei der genannten Lage um eine individuelle Einzellage oder um eine Großlage handelt. Derzeit gibt es Bestrebungen im Spitzenweinbau, wertvolle Lagen zu klassifizieren und auf dem Etikett herauszustellen, nach dem Vorbild der Bordelaiser Grands Crus (s. S. 48).

(4) Die Rebsorte

Ist sie auf dem Etikett angegeben, müssen mindestens 85 Prozent des Weins von dieser Sorte stammen. Möglich wäre auch die Angabe von

Öchsle

Die in Deutschland übliche Maßeinheit für die Bestimmung des Mostgewichtes. Die Mostwaage (oder ein Gerät mit der Bezeichnung Refraktometer) zeigt an, um wieviel Gramm ein Liter Most schwerer ist als Wasser. Erfunden wurde das Gerät vom Pforzheimer Goldschmied und Erfinder Ferdinand Oechsle (1774–1852). In Deutschland ist das Mostgewicht im wesentlichen ausschlaggebend für die Einreihung der Weine in die verschiedenen Qualitätsstufen. Ein normaler Qualitätswein hat etwa 60 bis 80 Öchsle, die Prädikatsweine liegen darüber. In der Spitze, bei den Trockenbeerenauslesen, sind es mindestens 150 Öchsle. Auch Werte von mehr als 200 Öchsle sind nicht selten. Der Weltrekord liegt bei 326 Öchsle; nur wurde aus diesem Most (1971er Siegerrebe, geerntet in der Pfalz) nie Wein, weil der Most durch den hohen, bremsenden Zuckergehalt nicht vergären konnte.

zwei Sorten, wenn der Anteil der zweiten Sorte höher ist. Der Hinweis auf drei oder mehr Sorten ist nicht gestattet. Besonders bei Rotweinen gibt es einen gewissen Trend zu höherwertigen Cuvées, wobei auf einen Sortenhinweis aus diesem Grund oft ganz verzichtet wird. Der Wein bekommt statt dessen eine Phantasiebezeichnung.

(5) Die Qualitätsstufe

Deutschland kennt, wie Österreich, eine Untergliederung in Tafelweine, Landweine und Qualitätsweine bestimmter Anbaugebiete (QbA) mit und ohne Prädikat. Innerhalb der Prädikate lautet die Reihung: Kabinett, Spätlese, Auslese, Beerenauslese, Eiswein, Trockenbeerenauslese. Darüber hinaus gibt es noch die neue Bezeichnung Qualitätswein bestimmten Ursprungs (QbU), eine Art Typenwein für bestimmte Sorten und Regionen (bislang: Elbling von der Obermosel) sowie den Riesling-Qualitätswein mit dem Zusatz „Hochgewächs", der leider nur sehr selten die suggerierte Spitzenqualität darstellt. Ausschlaggebend für die Einreihung der Weine in die verschiedenen Kategorien ist das Mostgewicht (Zuckergehalt in den Trauben) sowie das Bestehen einer Geruchs- und Geschmacksprüfung, bei der aber nur grob fehlerhafte Weine aussortiert werden.

Klassifizierung

Die besondere Herausstellung von Lagen oder Weinerzeugern. Ist in Frankreich (Bordeaux, Burgund) seit vielen Jahren üblich. In Deutschland haben Klassifizierungen („Erstes Gewächs") bislang keinen offiziellen, gesetzlich anerkannten Charakter.

(6) Die „amtliche Prüfnummer"

Die „amtliche Prüfnummer" läßt erkennen, daß der Wein die Prüfung durch Weinbaubehörden bestanden hat. Auf dem Prüfstand stehen nicht nur Geruch und Geschmack, der Wein wird außerdem analytisch untersucht. Die Zahlen auf dem Etikett sind ein Code, aus dem man das Anbaugebiet, die Prüfstelle, den Anbauort und die Lage, den Betrieb sowie die Abfüllung entnehmen kann. Für den Konsumenten ist nur die letzte Zahl interessant: Sie weist auf das Jahr, in dem die Prüfung stattfand (hier: 1994) hin. Daraus läßt sich ersehen, wie lang der Wein im Keller reifte. Tafel- und Landweine werden nicht geprüft. Vereinzelt gibt es, meist bei Rotwein, noch qualitativ wertvolle Tafelweine, bei denen die Erzeuger bewußt auf eine Anstellung zur Prüfung verzichten, denn bis vor einigen Jahren hatten die Weinprüfer große Probleme damit, Gewächse, die in kleinen Eichenfässern, den Barriques, ausgebaut wurden, gerecht zu bewerten. Der vom Holz geprägte Geruch und Geschmack entsprach oft nicht mehr dem bei der Prüfung wichtigen Sortentyp. Die Prüfer mußten sich erst neu orientieren.

⑦ Der Alkoholgehalt

Die Angaben zum Alkoholgehalt können auf- bzw. abgerundet werden.

⑧ Die Füllmenge

Sie gibt die Weinmenge der Flasche an (meist 750 ml).

⑨ Erzeuger

Gutsname und Inhaber müssen nicht übereinstimmen. In diesem Fall heißt der Winzer Wilhelm Haag; Fritz Haag war der Vater.

⑩ Mitgliedschaft in einem Verein

Hier: VDP (Verband deutscher Prädikats- und Qualitätsweingüter), die Elitevereinigung im deutschen Weinbau; nicht zu verwechseln mit dem weniger bedeutenden dpw (Deutsche Prädikats-Winzergenossenschaften).

⑪ Abfüllung

„Gutsabfüllung“ bedeutet, daß der Wein aus dem eigenen Ertrag des Weingutes stammt und im Betrieb abgefüllt wurde. Andere Varianten sind „Erzeugerabfüllung“ (entspricht der Gutsabfüllung, kann aber auch von Genossenschaften verwandt werden). Begriffe wie „Abfüllung“ oder „Abfüller“ weisen darauf hin, daß es sich um zugekaufte Weine, Most oder Trauben handelt.

Möglich wären außer diesen Angaben noch die Information über den vorhandenen Restzucker (in g/l) sowie ein Geschmackshinweis (trocken, halbtrocken, lieblich, süß). Da in diesem Fall dazu keine Angaben gemacht werden, darf man davon ausgehen, daß es sich um einen lieblichen oder fruchtigen Wein handelt.

Auf den Etiketten deutscher Weinflaschen kann darüber hinaus noch auf Prämierungen auf Landes- oder Bundesebene hingewiesen werden, die von regionalen Weinbauverbänden, den Landwirtschaftskammern oder der Deutschen Landwirtschaftsgesellschaft (DLG) vorgenommen werden. Erfahrene Genießer lassen sich davon jedoch wenig beeindrucken, weil allzu oft auch Mittelmaß mit Gold, Silber und Großen Preisen bedacht wird.

Das österreichische Weinrecht ist in weiten Teilen den deutschen Gepflogenheiten angepaßt, seit einigen Jahren sogar auch bei den Geschmacksangaben. Zu den kleinen Unterschieden zählen beispielsweise eine eigenständige Rangordnung in der Wachau mit den Kategorien Steinfeder (natürlicher Leichtwein), Federspiel (entspricht etwa einer herben deutschen Spätlese) und Smaragd (kraftvoller, herber Wein, etwa Kategorie herbe Auslese). Darüber hinaus gibt es bei den edelsüßen Weinen noch die Bezeichnung Ausbruch (eine besonders hochwertige Beerenauslese) sowie Strohwein (s. S. 19).

Lieblich

Die Bezeichnung für Weine oberhalb von „halbtrocken“, d.h. mit einem höheren Restzuckergehalt. Kann, muß aber nicht auf dem Etikett vermerkt sein.

Halbtrocken

Geschmacksbezeichnung für deutschen Wein mit einer Obergrenze von 18 g/l Restzucker. Der Zuckergehalt muß in einem bestimmten Verhältnis zur Säure stehen, nach der Formel Säure + 10. Ein Wein mit z.B. 5 g/l Säure ist mit 16 g/l Restzucker also nicht mehr halbtrocken, sondern bereits lieblich. Eingeführt wurde dieser etwas abstrakt anmutende Begriff, weil besonders säurebetonte Weine aus nördlicheren deutschen Anbaugebieten auch mit einem relativ hohen Restzuckergehalt betont herb schmecken. Die Deklaration „halbtrocken“ soll dies deutlich machen.

Trocken

Geschmacksbezeichnung für deutschen Wein mit einem Restzucker von maximal 9 g/l in einem bestimmten Verhältnis zur Säure. Die Formel lautet: Säure + 2. Ergo kann ein Wein mit 7 g/l Säure genau 9 g/l Zucker enthalten, um noch als „trocken“ durchzugehen.

Auch italienische Etiketten sind in ihren Angaben nicht sonderlich sparsam. Im Gegensatz zu Deutschland, wo das Prinzip der „Qualität im Glas“ gilt (ausgedrückt in der amtlichen Prüfung), hat in Italien die genauere Angabe zur Herkunft höhere Priorität.

Italien

Für italienische Weine gilt eine Art Qualitätspyramide. Zur untersten Kategorie gehören die „Vini da Tavola“ (Tafelweine) ohne Jahrgang, ohne Hinweis auf die Erzeugerregion und die enthaltenen Rebsorten. Bis 1996 herrschte ein rechtes Durcheinander auf diesem Feld. Denn in der Toskana war es üblich geworden, Weine unter der Tafelweinbezeichnung auf den Markt zu bringen, die hervorragend waren und lediglich den Vorschriften für die einzelnen Qualitätsweinregionen nicht entsprachen. Beispiele dafür sind Tignanello, Solaia und Ornellaia, aber auch der Sammarco von Castello di Rampolla (siehe das Etikett für den Chianti Classico dieses Gutes, ein Spitzenwein aus dem „Filetstück“ der großen Chianti-Region in der Toskana). Für diese Weine wurde der (inoffizielle) Begriff „Super-Toskaner“ geprägt. Nicht alle sind großartig, vieles ist so etwas wie „Einheitsbrei“ mit ausgeprägtem Holzgeschmack. Gleichwohl mußte Ordnung geschaffen werden. Dies geschah durch die Einführung der neuen Kategorie „IGT“ (Indicazione geografica tipica). Sie ist ein Hinweis darauf, daß die Trauben für den Wein aus einer bestimmten Region stammen und Produktionsvorschriften zu beachten sind.

Darüber stehen die Qualitätsweine, für die es in Italien die Bezeichnung „DOC“ (Denominazione di origine controllata) gibt. Für die zahlreichen Regionen gelten jeweils Regeln für zugelassene Sorten und Erträge. Darüber thronen als Spitze die DOC-Weine mit dem Zusatz „e garantita“ (DOCG). Nur etwas mehr als ein Dutzend Regionen in Italien (darunter Brunello di Montalcino, Chianti Classico, Barolo, Vino Nobile di Montepulciano) wurden bislang in den „Olymp“ des italienischen Weinrechts aufgenommen.

Ein normales italienisches Etikett enthält in der Regel Angaben zum

Erzeuger **(1)**; zum Jahrgang **(2)**, wobei der Wein zu 100 Prozent aus dem angegebenen Jahrgang bestehen muß, Zusätze von anderen Jahrgängen sind nicht erlaubt; zur je nach Region unterschiedlichen Lagerzeit **(3)**, in diesem Fall ein sogenannter Riserva, d. h. ein Wein der eine bestimmte Zeit (in der Regel drei Jahre) gelagert sein muß; zur Herkunft **(4)**, in diesem Fall handelt es sich um das Herzstück der toskanischen Chianti-Region, die „Classico"-Zone; zur Kategorie **(5)**, hier der Hinweis auf die Qualitätsstufe DOCG (Denominazione die origine controllata e garantita); zum Alkoholgehalt **(6)**, der auf- und abgerundet werden darf; zur Füllmenge **(7)**; zur Entsorgung des Leergutes **(8)**, indem man dem frommen Wunsch Ausdruck verleiht, daß man sich der Flasche nicht einfach im Freien entledigen möge; zur Abfüllung **(9)**, „Prodotto e imbottigliato da di Napoli Rampolla" weist auf die Abfüllung im Weingut hin. Weitere Hinweise auf Erzeugerabfüllung können lauten „Imbottigliato nell'origine" oder „Messo in bottiglia del produttore all'origine". Auch Mischformen der beiden Begriffe sind gebräuchlich.

Frankreich

Das französische Weinrecht wird gern als „besonders streng" bezeichnet. Auch die Überwachung durch Organe des Weinbaus und des Staates soll sehr genau sein. Aber dennoch gibt es, wie in wohl jedem Weinland der Welt, immer wieder Gauner, die glauben, das Gesetz lasse sich umgehen. Oft fliegen sie auf.

Die Franzosen sind stolz auf ihr Weingesetz. Doch es kann im Detail recht kompliziert sein, weil es für verschiedene Regionen höchst un-

terschiedliche Vorschriften und Klassifizierungen gibt.

Früher war es einfacher, zwischen guten und schwächeren Herkünften zu unterscheiden. Da gab es noch eine relativ geringe Zahl der Qualitätsregionen (AOC = Appellation d'Origine Contrôlée), darunter die qualitativ minderwertigen Vins Délimités de Qualité Supérieure (VDQS) sowie die Vin de Pays (Tafelweine). Heute gibt es mehr als 400 AOC-Gebiete (zum Beispiel ganz Bordeaux mit seinen rund 100 000 Hektar, in denen wiederum viele Einzelappellationen enthalten sind), immer weniger VDQS-Regionen (etliche sind in den letzten Jahren „aufgestiegen") sowie eine Flut von teilweise hochinteressanten, guten Tafelweinen vor allem aus dem Süden, aus dem Languedoc und dem Roussillon.

Cru

Ein französischer Begriff für ein bestimmtes Wachstum (Lage, Weingut). Wichtig: Steht immer im Zusammenhang mit einer über dem Durchschnitt stehenden Qualität. Genauere Bezeichnungen dazu sind Cru Classé, Grand Cru Classé, Cru Bourgeois oder Premier Cru. Derartige Einstufungen sind in Frankreich fast ausschließlich auf die Gebiete Bordeaux und Burgund beschränkt, mit unterschiedlicher Bedeutung für verschiedene Regionen.

Ein französisches Weinetikett, in diesem Fall ein Beispiel aus der obersten Kategorie, enthält Angaben zum Erzeuger **(1)**, hier ein sehr bekanntes Château (ein Schloß muß es nicht unbedingt sein, aber das Haus sollte einen eigenen Keller besitzen); zur Einstufung des Betriebes **(2)**, hier handelt es sich um ein Haus, das in der Hierarchie des Weinbaugebietes von St. Emilion an der Dordogne sehr weit oben steht (Premier Grand Cru Classé, Grand Cru ohne den Zusatz Classé, hat in St. Emilion weniger Bedeutung, während dies im Burgund der Hinweis auf die besten Lagen ist, vor Premier Cru); zur Herkunft **(3)**, hier St. Emilion, ein bedeutendes Weinbaugebiet östlich von Bordeaux; zum Jahrgang **(4)**, wobei der Wein zu 100 Prozent aus dem angegebenen Jahrgang bestehen muß, Zusätze von anderen Jahrgängen sind nicht erlaubt; zur Abfüllung **(5)**, „Mis en bouteilles" bedeutet, daß der Wein im Château (in der Domaine) abgefüllt wurde. Fehlt ein solcher Hinweis, kann es sich auch um eine Handelsabfüllung oder eine Weinmarke handeln; zur Füllmenge **(6)**; zum Namen des Besitzers **(7)**, dessen Erwähnung mit Ort Pflicht ist.

Auf diesem Etikett fehlt eine Angabe zum Alkoholgehalt, was darauf zurückzuführen ist, daß diese Angabe erst seit 1988 eine verbindliche EU-Vorschrift ist.

Amerika, du hast es besser. Die Weingesetzgebung hat noch etwas vom Wilden Westen. Aber bedingt durch die zunehmende Exportorientierung müssen sich die Amerikaner, besonders die Kalifornier, anpassen. Bislang sind die Etiketten wohltuend übersichtlich.

Amerika

Eine dem französischen und italienischen System angepaßte Regulierung ist im Aufbau. Für die sogenannten American Viticultural Areas (AVA) gibt es genauere Anbaubedingungen, aber zum Beispiel keine Vorschriften hinsichtlich der Erträge oder Sorten. Napa Valley und Sonoma Valley, die beiden wohl bekanntesten Gebiete in Kalifornien, sind natürlich im Kreis der AVA dabei.

Noch ist vieles in Bewegung. Allmählich Abschied genommen haben die Amerikaner vom dreisten Diebstahl europäischer Bezeichnungen wie „Rhine", „Port", „Burgundy" oder „Chablis" – weil die Europäische Union dagegen mobil gemacht hat.

Ein typisches Etikett aus einem sehr bekannten Weingut enthält Angaben zum Namen des Weingutes bzw. Erzeugers **(1)**, in diesem Fall eine Top-Adresse in Kalifornien (Robert Mondavi ist der Qualitätspionier im amerikanischen Westen); zur Rebsorte **(2)**, wobei mindestens 75 Prozent aus der angegebenen Region und von der angegebenen Sorte stammen müssen (traditionell enthält dieser Cabernet Sauvignon jeweils einige Prozent Anteile Merlot und Cabernet Franc); zum Jahr-

gang **(3)**, wobei mindestens 95 Prozent aus dem angegebenen Jahrgang stammen müssen; zur Herkunft **(4)**, hier Napa Valley, eines der bedeutendsten Weinbaugebiete der USA, ca. 80 Kilometer nördlich von San Francisco; zur Kategorie **(5)**, hier „Reserve", eine ältere Bezeichnung, für die lange Zeit eine genauere Definition fehlte und die früher für die besseren Weine eines Hauses stand. Aufgrund der EU-Bestimmungen können kalifornische Reserve-Weine seit 1992 nicht mehr unter dieser Deklaration exportiert werden. Führende Erzeuger im Napa Valley verabschiedeten dann 1998 gemeinsame, relativ einfache Kriterien (Ausbau in Barriques oder 600-l-Faß, mindestens fünf Monate lang); zum Alkoholgehalt **(6)**. Darüber hinaus kann auf den Verzicht der Filtration bei der Abfüllung **(7)** hingewiesen werden.

Auf allen amerikanischen Weinflaschen ist ein Hinweis auf die gesundheitliche Gefährdung während einer Schwangerschaft und die Alkoholbeeinträchtigung beim Autofahren Pflicht. Grund für diese „alkohol warning" war in den achtziger Jahren die Fehlgeburt einer Whisky-Trinkerin, die daraufhin den Produzenten verklagte und Recht bekam. Auf einem Rückenetikett werden auch oft genauere Angaben über die Vinifikation gemacht.

Vor 20 Jahren waren, neben Sherry, aus Spanien eigentlich nur die Rioja-Weine über das Land hinaus bekannt – sieht man mal von der „Legende“ Vega Sicilia in Valbuena am Duero ab, ein Haus, das schon seit Jahrzehnten zu den besten der Welt gerechnet wird. Seit etwa 15 Jahren befindet sich die spanische Weinwirtschaft im Umbruch.

Spanien

Viele Gebiete sind aus ihrem langen Dämmerschlaf erwacht, warten plötzlich mit interessanten Weinen auf und zeigen auf dem wichtigen deutschen Markt Muskeln mit eigenen Informationsbüros.

Mittlerweile gibt es auf den mehr als einer Million Hektar (womit Spanien die größte Weinnation der Welt ist, vor Italien und Frankreich) über 50 Qualitätsweingebiete (wie zum Beispiel Rioja, Ribera del Duero, Navarra, Rueda oder Penedés) nach französischem oder italienischem Vorbild. Sie heißen Denominación de Origen (DO). Doch die Spanier beginnen allmählich noch draufzusatteln: Die Region Rioja kennt, bislang als einzige, die Herkunftsbezeichnung mit dem Zusatz „Calificada“ (DOCa).

Spanien kennt vier Kategorien, die nicht unbedingt identisch mit einer Qualitätsreihung sind. Die jungen Weine können „Joven“ oder „Cosecha“ genannt werden, was bedeutet, daß sie weniger als zwölf Monate im Eichenfaß gelagert wurden und früher als im dritten Jahr nach der Ernte verkauft werden. „Crianza“ bedeutet mindestens zwei Jahre Lagerung, davon sechs bis zwölf Monate (je nach Region) im Eichenfaß. Ein „Reserva“ hat drei Jahre Reifezeit hinter sich und lag mindestens ein Jahr davon in Eiche.

Für die selteneren Rosé- und Weiß-Reserva gilt: 24 Monate Lagerzeit, sechs davon in Eiche. Die „Gran Reserva“ stellen in der Regel die qualitative Spitze dar, weil die Betriebe hier besonders hohe Ansprüche an das Ausgangsmaterial stellen. Frühestens nach fünf Jahren darf ein roter Gran Reserva verkauft werden, mindestens zwei Jahre verbrachte er in Eichenholz (Rosé und Weiß: vier Jahre, sechs Monate Eiche).

Auf einem spanischen Etikett befinden sich Angaben zum Namen des Weingutes **(1)**, in diesem Fall ein neuer Betrieb des bekannten Besitzers des Nobelgutes Pesquera Alejandro Fernandez, der sich mit dem Condado de Haza selbst harte Konkurrenz macht; zur Region **(2)**, hier Ribera del Duero, eins der bedeutendsten Qualitätsweingebiete (DO) Spaniens in Kastilien beiderseits des oberen Duero; zum Jahrgang **(3)**, wobei der Wein zu 100 Prozent aus dem entsprechenden Jahrgang bestehen muß, Zusätze von anderen Jahrgängen sind nicht erlaubt; zur Abfüllung **(4)**, in diesem Fall der Hinweis auf die Abfüllung im Weingut; zum Alkoholgehalt **(5)** und zum Füllvolumen **(6)**.

Das „e“ auf den Etiketten europäischer Weine ist der Hinweis darauf, daß sie den europäischen Normen entsprechen.

Albariño

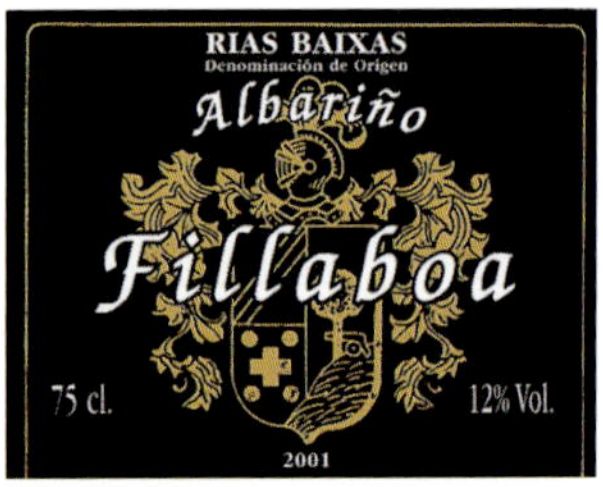

2001 Fillaboa
Granja Fillaboa
Rías Baixas, Galizien, SPANIEN
0,75 l, ca. € 12,50
La Tienda

Ein galizischer Genuß: Vollmundig, tiefgründig, keck, mit jugendlicher Säure, Aromenvollbad: saftig, knackig, tolle Dichte, komplex, dezente Reife, Fruchtsäure, Apfel, Birne und auch Limone. Die Weine aus der Albariño-Traube zählen heute zu den charaktervollsten Weißweinen, die Spanien zu bieten hat.

Rueda

2001 Basa
Telmo Rodriguez
Rueda, SPANIEN
0,75 l, ca. € 7,–
Weinhandel und Restaurant Vintage

Wie ein spritziger Loirewein à la Sancerre & Co. von einem der umtriebigsten Weinmacher des Landes. Rueda gehört zu der Kategorie Weißweine in Spanien, von denen es nur leider wenige zu finden gibt. Ein exotischer, glasklarer Sommerwein mit einer erfrischenden, Zunge und Geist belebenden Art.

Weineinkauf – (k)eine Wissenschaft für sich

Selbst wenn man sich mit Weinen recht gut auskennt, steht man manchmal beim Einkauf vor großen Fragezeichen. Da gibt es im Fachhandel wie in den Weinabteilungen der Kaufhäuser bisweilen riesige, mit unendlich vielen Flaschen bestückte Regale, und in den Katalogen der Versender kann man stundenlang schmökern.

Rotwein Cuvée

2001 Hawequas
(Cabernet Sauvignon, Merlot, Shiraz)
Mont du Toit
Paarl, SÜDAFRIKA
0,75 l, ca. € 12,00
FUB, Köln

Nach 14 Monaten Lagerung in kleinen Holzfässern (Barriques) ist ein aromatischer, kräftiger Rotwein mit gereiften Taninen entstanden. Mit herrlich eingebundenen Brombeer- und Kirscharomen.

Côtes du Rhône

2001 Côtes du Rhône „La Janasse"
Domaine de la Janasse,
Courthezon, FRANKREICH
0,75 l, ca. € 8,–
K&U Die Weinhalle

Süffig weiche Gerbstoffe und dabei doch zupackend. Er hat eben das „gewisse Etwas", das der Franzose „terroir" nennt, also ein Wein, der Klima, Boden und Handschrift des Winzers unverkennbar widerspiegelt.

Und dann überlegt man: Nehm' ich die, oder doch lieber die? Nein, da war der Jahrgang nicht so optimal. Und überhaupt, bei diesem Gut hat vor gut einem Jahr der Kellermeister aufgehört, und der Nachfolger bekam die Sache nicht so recht in den Griff. Von diesem Winzer habe ich aber schon einige feine Tröpfchen probiert, allerdings hatte der beim letzten Mal offenbar Schwierigkeiten mit den Korken …

Man sieht, daß auch Fachleute mit profunden Kenntnissen ihre Probleme beim Einkauf haben können. Manchmal ist es eben von Nachteil, viel zu wissen.

Das Weinangebot ist in der Tat umfangreich. Es gibt allein in Deutschland weit über 10 000 Selbstvermarkter, von denen jeder im Schnitt ca. drei Dutzend Weine erzeugt. Es wachsen ständig neue Jahrgänge nach. Und zudem ist Deutschland der Welt größter Importmarkt. Über 50 Prozent der Weine, die hierzulande getrunken werden, kommen aus dem Ausland. Das sind rund 12 Millionen Hektoliter, mehr als die normale deutsche Weinernte (8 bis 10 Millionen Hektoliter). In dieser Zahl verbergen sich natürlich auch sogenannte „Verarbeitungsweine", zum Beispiel für die Sektindustrie. Der größte Teil der ausländischen Weine, die in den deutschen Handel kommen, stammt aus Italien (knapp 40 Prozent), Frankreich (25 Prozent) und Spanien (17 Prozent). Dahinter machen sich vornehmlich osteuropäische Erzeuger Konkurrenz (Mazedonien, Bulgarien, Ungarn, Rumänien).

Eine gewisse Bedeutung auf gleichbleibendem Niveau knapp unter zwei Prozent haben die Griechen (die es leider zu wenig verstehen, mit ihren teilweise überzeugenden Qualitäten den Markt zu beschicken). Österreich befindet sich nach wie vor im leichten Aufwind (wieder ein Prozent Anteil). Portugal machte zuletzt deutlich, daß man mehr als

Portwein zu bieten hat (1,1 Prozent). Die aktuellen Renner mit Zuwachsraten von mehr als 40 Prozent kommen jedoch aus der Neuen Welt, aus Chile, Kalifornien und Australien (Südafrika, vor einigen Jahren gut gestartet, ist dagegen wieder etwas weniger gefragt). Nur liegt der Anteil dieser Länder nach wie vor unter einem Prozent. Gelegentlich findet man auch neuseeländische Weine auf dem deutschen Markt, ohne daß sie Bedeutung hätten. Aber die Sauvignons Blancs sind durchaus interessant in der Qualität.

Sich überall zurechtzufinden, ist ein Ding der Unmöglichkeit. Dennoch ist der Weineinkauf eine spannende Angelegenheit. Als Laie betreibt man jedoch am besten zunächst Risikominderung, indem man bei den ersten Einkäufen nur wenige Flaschen eines ausgesuchten oder empfohlenen Weins kauft und erst dann mehr ordert oder in den Kofferraum lädt, wenn man überzeugt ist: das schmeckt.

Wein kann man nicht nur im Supermarkt oder im Fachhandel kaufen, Quellen gibt es sehr viel mehr, vom Winzer bis zum Versender. Bandbreite der angebotenen Qualität und der Preise ist groß. Auf den folgenden Seiten dazu einige Tips.

Weißer Burgunder

2001 Weißer Burgunder Kabinett trocken
Weingut Dr. Wehrheim
Birkweiler, PFALZ
0,75 l, ca. € 5,20
ab Weingut

Ein idealer Essensbegleiter, der neben feinen Fruchtaromen auch ausreichend Schmelz und Körper besitzt. Wer Spaß an Weißburgunder hat, sollte sich unbedingt mit der Kollektion von Karl-Heinz Wehrheim beschäftigen.

Winzer – Kauf beim Erzeuger

Viele Konsumenten haben ihren „Stammwinzer", bei dem sie über Jahre hinweg ihren Wein holen, oder von dem sie sich beliefern lassen. Aber Genießer sind auch abenteuerlustig. Sie nutzen die Hinweise in Fachbüchern und Weinmagazinen und machen sich auf Tour.

So mancher Weinliebhaber will dann an einem Tag gleich mehrere Winzer „abklappern". Doch bei aller Unternehmungslust: Man kann nicht einfach zu jeder Tages- und Nachtzeit in ein Weingut hineinspazieren, um die entsprechenden Weine zu probieren und anschließend den Kofferraum vollzuladen. Im eigenen Interesse – und aus Höflichkeit – sollte man telefonisch zuvor anfragen, wann eine Einkaufsvisite passend ist. Denn der Winzer und seine Familie haben oft dringende Arbeiten im Weinberg und im Keller zu verrichten. Oder sie liefern Wein aus, haben eine große Verkostung für eine Gruppe geplant oder müssen, auch das gehört zur alltäglichen Routine, der Weinkontrolle Einblick in die Bücher gewähren.

Wenn ein Termin vereinbart ist, sollte man sich Gedanken darüber machen, wieviel Lagerraum zu Hause zur Verfügung steht und wie

viele Flaschen man kaufen möchte. Achtung: Hin und wieder verleiten eine besonders schöne Atmosphäre oder die netten Grübchen der jungen Winzerin dazu, mehr zu kaufen, als man ursprünglich beabsichtigt hatte. Wenn man dann zu Hause auslädt, gibt es plötzlich Lagerprobleme ...

Im Weingut gilt: Probieren geht über Studieren. Die Probe ist das wichtigste. Nehmen Sie nur kleine Schlucke, oder spucken Sie nach dem „Kauen" des Weins, wie bei professionellen Proben, den Schluck in ein Spuckgefäß – ein guter Winzer stellt Ausguß- und Spuckgefässe auf den Tisch. Und er hat ordentliche Probiergläser, in denen man den Wein gut schwenken kann. Wenn man Ihnen, wie es mancherorts noch geschieht, sti(e)llose Becher vorsetzt, lehnen Sie lieber dankend ab – die Weine schmecken vermutlich ohnehin nicht.

Spucken

Bei einer ernsthaften Weinprobe, bei der man verschiedene Weine probieren und beurteilen möchte, sollte man den Wein nicht schlucken, sondern ihn nach dem Spülen im Mund ausspucken. Dafür stehen auf einem Weingut oder bei entsprechenden Weinhandlungen in der Regel extra Töpfe zur Verfügung. Würde man den Wein nicht ausspucken, wäre man wohl schnell nicht mehr in der Lage, eine objektive Beurteilung zu fällen!

Sollten Sie schon nach wenigen Weinen merken, daß Ihnen die Qualität nicht zusagt, lassen Sie die Probe ausklingen. Kaufen Sie dann auch nichts aus lauter Höflichkeit, sondern verabschieden Sie sich diplomatisch („Das ist nicht meine Geschmacksrichtung!"). Wenn Sie dagegen den Winzer zwei Stunden in Anspruch genommen und seine Weine gelobt haben und vielleicht sogar noch bewirtet wurden und dann mit nur zwei Flaschen abziehen, geschieht es Ihnen ganz recht, daß Sie nicht von frommen Wünschen begleitet werden.

Die Zeit beim Weinbauern kann man im übrigen nutzen, um einiges über An- und Ausbau zu erfragen. Manche Produzenten haben von selbst viel zu erzählen. Andere muß man erst durch Fragen auftauen. Merke: Es gibt keine dummen Fragen. Und dumme Antworten sollte es auch nicht geben. Wenn ein Produzent beispielsweise über umweltschonenden oder ökologischen Weinbau schimpft oder über seine weinbautreibenden Nachbarn herzieht, dann sollte man sich schnell wieder verabschieden – einem solchen Winzer fehlt es an der richtigen Einstellung zum Beruf.

Wichtig vor dem Kauf ist auch das genaue Studium der Preisliste. Zudem sollte man sich über Versandkosten informieren, wenn man in Zukunft nicht jedesmal selbst vorfahren und einladen kann oder möchte. Hier gibt es oft große Unterschiede. Viele Erzeuger liefern noch selbst aus, weil ihnen am Kontakt zur Kundschaft gelegen ist. In diesem Fall besteht die Möglichkeit, Leergut zurückzugeben oder eventuelle „Korkschmecker“ zu reklamieren und auszutauschen (s. S. 86).

Weinhändler – die Freude am Beruf

In der Sparte Fachhandel wird nur etwa jede zwölfte Flasche Wein verkauft. Das ist nicht sonderlich viel und erklärt sich aus dem Umstand, daß in dieser Branche meist höhere Preise verlangt werden als im Lebensmittelhandel oder beim Discounter und Sonderangebote seltener offeriert werden.

Die meisten Fachhändler sind Einzelkämpfer. Manche haben sich auch einem Franchise-System angeschlossen (am bekanntesten: Jacques Weindepot). Eine klassische Berufsausbildung gibt es nicht, wohl aber eine Reihe von Fortbildungsmöglichkeiten, zum Beispiel Kurse bei Werbeorganisationen der Weinwirtschaft oder die Lektüre von Fachbüchern. Die beste „Ausbildung“, die ein Händler absolviert haben kann, sind viele, viele Gespräche mit den Erzeugern.

Einen guten Weinhändler oder eine versierte Weinhändlerin (es werden immer mehr) kann man an verschiedenen Kriterien erkennen:

- an der erkennbaren Freude am Beruf;
- der souveränen Beratung, wenn es zum Beispiel darum geht, einen bestimmten Wein zu einem bestimmten Essen zu finden;
- am guten Angebot, das sich vom soliden, preiswerten Tropfen bis zum hochwertigen Edelgewächs erstrecken sollte;
- an der weitgehend genauen Kenntnis des Angebots durch eigene Verkostungen (Sie werden schnell merken, ob ein Verkäufer seine Weine kennt, wenn Sie nach den spezifischen Eigenarten eines bestimmten Weines, für den Sie sich interessieren, fragen);
- an einer Preisliste, die übersichtlich und fehlerfrei ist (Erzeugernamen sollten richtig geschrieben und die Weine der jeweils richtigen Region zugeordnet sein);

Stören sollte man sich nicht daran, daß die Weine meist teurer als beim Winzer sind. Denn allein von den 10 bis 20 Prozent Nachlaß, die viele deutsche Erzeuger geben, kann der Fachhandel nicht leben.

Wer jedoch nach einer Weinentdeckung im Handel beim nächsten Mal zum Winzer fährt und glaubt, damit Geld zu sparen, zahlt in der Regel drauf: Die meisten vergessen, Zeitaufwand und Fahrtkosten in die Rechnung mit einzubeziehen.

Weinversender – Sachlichkeit und Schaumschlägerei

Mit ganzseitigen Anzeigen in der Tagespresse, mit verlockend aufgemachten Katalogen und mit verführerischen Mailings gehen sie auf „Kundenfang", die Weinversender. Seit einigen Jahren betätigt sich sogar das traditionelle Versandhaus Quelle auf diesem Feld.

Das Geschäft mit dem Weinversand kann gute Früchte tragen: Jeder zweite Verbraucher ist nach Marktforschungsergebnissen empfänglich für solche Angebote. Und so werden sie heftig umworben, die vermeintlichen Kunden: Adressen mit Einkaufspotential sind das wertvollste in dieser Szene. Als Konsument sollte man jedoch nicht alles für bare Münze nehmen, was einem offeriert wird. Allzuviel werbliche Schaumschlägerei ist mit Vorsicht zu genießen. Mehr Vertrauen kann man einer sachlichen, ausführlichen Information schenken.

Die Preise sind nicht immer günstig, weil viel Geld in die Werbung fließt. Oft gibt es, wie im Supermarkt, besonders billige Offerten („Lockvogel"-Angebote), die eine vermeintliche Preiswertigkeit des gesamten Sortiments suggerieren sollen. Wichtig ist auch das „Kleingedruckte": Während ein Versender eine Mindestabnahme im Wert von 500 Euro verlangt, um kostenfrei zu liefern, ist der andere schon bei einer Bestellung von 36 Flaschen ohne Preislimit zuvorkommend.

Einige Versender haben nur ein großes Lager und bieten keine direkte Einkaufsmöglichkeit vor Ort (zum Beispiel Hawesko, Quelle, Schuler, Bremer Weinkolleg, Delinat). Andere sind eine Kombination aus Fachhandel und Versand (zum Beispiel Le Savour Club, Brogsitter). Und natürlich sind viele Fachhändler neben ihrem normalen Ladengeschäft auch als Versender tätig.

Sie bekommen den Fuß meist per Post in die Tür, oder sie angeln sich ihre Kundschaft mit Gewinnspielen auf Veranstaltungen wie der „Grünen Woche“ in Berlin, der größten Landwirtschaftsmesse Deutschlands. Die Rede ist von den Direktvertriebsunternehmen, die mit Weinvertretern arbeiten.

Weinvertreter

Der Erstkontakt führt oft zu einer Probe, die wiederum in eine Bestellung mündet. Dabei kann es durchaus sein, daß die Kundschaft zufrieden ist und dem Unternehmen künftig die Treue hält. Angeblich sollen immerhin rund 85 Prozent der Kunden (vorwiegend ahnungslose) Stammkunden sein. Sie glauben, daß sie praktisch direkt beim Weingut einkaufen, und erkennen nicht, daß die Qualität allenfalls mittelmäßig ist. Und sie wissen auch nicht, daß die Preise völlig überhöht sind (bis zu 300 Prozent werden aufgeschlagen; beim Fachhandel sind es höchstens 100 Prozent).

Besonders erfolgreich sind jene Vertreter, die den Kunden zu Hause aufsuchen. Dem potentiellen Neukäufer wird in der Regel zuvor schriftlich mitgeteilt, daß er etwas gewonnen hat. Die Gewinne solcher Aktionen sind manchmal eine Flasche Wein, ein Rebwurzelkorkenzieher, einige Weingläser, Korkuntersetzer und ähnliches. Hin und wieder kommt man sogar in den zweifelhaften Genuß einer Reise, bei der die zu zahlenden Nebenkosten und die eigene Anreise oftmals teurer sind als der Wert des gewonnenen Aufenthalts. Die Gewinne haben nur eine Funktion: Sie sind der Schlüssel zum Hausbesuch. Denn natürlich müssen sie persönlich überreicht werden. Und daß man bei der Gelegenheit gleich eine kleine Weinprobe machen kann, versteht sich von selbst. Ob man zuvor tatsächlich an einem entsprechenden Gewinnspiel teilgenommen hat oder nicht, spielt keine Rolle.

Manchmal erhält man als „Appetithappen“ an der Haustür auch ein Geschenk in Form einer Weinflasche. Kurze Zeit später erfolgt dann das telefonische Angebot einer Weinprobe in den eigenen vier Wänden. Üblich sind außerdem Anrufe, in denen man einfach mitgeteilt bekommt, daß man als anerkannter Weinkenner („das hat einer Ihrer Freunde unserem Kellermeister erzählt“) gerade noch die Chance habe, einige besonders ausgewählte Weine zu ordern, die nicht mehr lange vorrätig seien.

Malbec

2000 Malbec Alamos
Bodegas Esmeralda
Mendoza, ARGENTINIEN
0,75 l, ca. € 9,–
FUB, Köln

Tiefdunkle Farbe, rauchiger fruchtbetonter Duft, am Gaumen „Power“. Ein Malbec aus Argentinien kann besser sein als die meisten seiner südwestfranzösischen Konkurrenten. Liegt es an dem sauberen frischen Bergklima der Anden oder an der begnadeten Winzerkunst des besten Winzers des Landes, Dr. Catena?

Hat der im Verkauf geschulte und oft raffinierte Vertreter erst mal Platz genommen und sein Köfferchen mit meist lauwarmen Weinen im Anbruch geöffnet, ist er meist schon der Gewinner. Selbst wenn die Weine nicht sonderlich überzeugen, wird gekauft, „weil sich doch der arme Mann oder die nette Frau soviel Zeit für uns genommen und uns so gut beraten hat".

Letzteres ist freilich selten der Fall. Weinfachlich sind die Vertreter meist schlecht oder nur oberflächlich ausgebildet. Wer sich selbst etwas auskennt und ihnen gezielt einige Fragen stellt, wird das schnell erkennen. So kann es vorkommen, daß Vertreter erzählen, Chianti sei eine Rebsorte und beim Rosé würden die Trauben wie Kartoffeln geschält (kein Witz, das hat es tatsächlich gegeben). Daß in „Dienstanweisungen" für die Verkäufer steht, sie sollten beim Gespräch stets das Etikett im Auge haben, damit sie wissen, worüber sie reden, spricht für sich. Gern werden auch Argumente ins Feld geführt, daß man im eigenen „Traditionsbetrieb" sehr auf Qualität achte, während die Weine im Supermarkt meist schlecht seien, gezuckert würden und besonders viel Schwefel enthielten – alles Humbug!

Mündige Weingenießer lassen sich gar nicht erst auf solche Verkäufer ein. In der Regel sind Einsteiger und Weintrinker mit wenig Erfahrung die bedauernswerten „Opfer" derartiger Verkaufspraktiken.

Verbraucher- und Supermärkte

Mehr als die Hälfte des in Deutschland getrunkenen Weines wird über Verbraucher- oder Supermärkte wie Edeka, Tengelmann, Globus und andere verkauft, obwohl die Warengruppe Wein in den meisten dieser Märkte keine besonders große Bedeutung besitzt (maximal zwei Prozent vom Umsatz).

Weine, die mehr als drei Euro kosten, gehören in Verbraucher- und Supermärkten bereits zum „Hochpreissegment". Das Hauptgeschäft wird mit Weinen zwischen anderthalb und drei Euro gemacht; auch Preise darunter (meist Weine aus Osteuropa) sind nicht unüblich.

Hohe Ansprüche darf man an Produkte in diesen Preiskategorien nicht stellen. Gleichwohl sind positive Überraschungen möglich. Auf Nummer sicher geht man bei den diversen Weinmarken, die über Jahre hinweg im Geschmack und in der Qualität weitgehend gleich bleiben. Bekannt sind beispielsweise „Revian" (Rheinhessen),

„Blanchet“ (Frankreich), „Mateus Rosé“ (Portugal), „Mouton Cadet“ (Bordeaux) und „Toscanello“ (Italien).

Wissenswert ist darüber hinaus, daß die Weine im Markt nicht optimal gelagert werden können. Sie stehen in der Regel im Regal und sind Temperaturen von bis zu 25 Grad und grellem Licht ausgesetzt. Deshalb gilt:

- Keine älteren Jahrgänge kaufen, die wahrscheinlich schon länger im Supermarktregal liegen. Wer Ende 1999 einen 95er Müller-Thurgau aus deutschen Landen oder einen 94er Muscadet aus Frankreich kauft, um nur zwei Beispiele zu nennen, wird damit vermutlich kein Vergnügen mehr haben.
- Keine Flaschen entnehmen, die bereits angestaubt sind.
- Schnäppchen-Offerten nur vertrauen, wenn es sich um Weine zu saisonalen Anlässen handelt (etwa die Spargelzeit); denn sonst besteht die Gefahr, daß man überlagerte Ramschware kauft.

Cuvée Saphir
Bouvet Ladubay
Loire, FRANKREICH
0,75 l, ca. € 10,17
The Winery

Ein wunderschöner Schaumwein, feines Mousseux und viel Frucht bietet dieser abwechslungsreiche Stoff. Sehr eigenständig, obwohl der Vergleich zu einem guten Champagner recht nahe liegt.

Discounter – wenig Vielfalt, niedrige Preise

Sie heißen Aldi, Penny, plus, Lidl, sind zum Teil Töchter von Konzernen und haben beim Wein immer nur ein begrenztes Sortiment. Trotzdem sind sie auf diesem Feld überwiegend erfolgreich. Das gilt besonders für den Discounter Nummer eins in Deutschland, Aldi.

Früher rümpften viele über dieses Unternehmen die Nase, heute hat es fast Kultstatus, bei Aldi einzukaufen. Ein Renner ist alle Jahre wieder zu Saisonzeiten (Ostern, vor Weihnachten und Silvester) der Champagner, den die Kundschaft kartonweise aus dem Regal holt – zu Preisen um die 10 Euro. Andere Discounter bieten ebenfalls Champagner deutlich unter 10 Euro an. Das alles geschieht teilweise sehr zur Freude mancher Gastronomen, die auf diese Weise billig an ihren Schampus für den Glasausschank herankommen. Ein Risiko dieser Angebote besteht allerdings immer darin, daß die Qualität dieser Ware oft sehr schwankend ist, weil es sich um anonyme Marken (ohne Angabe eines Abfüllers) handelt und der Inhalt der Flaschen aus Champagner von unterschiedlichsten Quellen stammt.

Bei den Weinen bieten die Discounter offensichtlich mehr Sicherheit. Hin und wieder durchgeführte Tests bestätigen in der Regel eine noch akzeptable Qualität von beispielsweise Rioja, Navarra, Chianti oder Beaujolais zu maßvollen Preisen.

Kaufhäuser – regionale Orientierung

Häuser wie Hertie, Kaufhof, Karstadt und andere sind, was das Weinangebot betrifft, nahezu vergleichbar mit dem Fachhandel. Meist haben sie ein Kernsortiment, das in allen Filialen gleich ist, das aber regional „angereichert" werden kann.

Ein Kaufhaus in Trier wird also ungeachtet der unmittelbaren Konkurrenz der Moselwinzer zumindest einige ausgewählte Gewächse „aus der Heimat" im Regal offerieren, während ein Unternehmen in Karlsruhe oder Mannheim besondere Stärken bei Weinen der Pfalz und Baden haben sollte. Ein Betrieb in München wird sich stärker in Richtung Franken orientieren und außerdem an die Vorliebe der bayerischen Genießer für die Pfälzer Weine denken.

Oft sind die Leiter der Weinabteilungen ausgesprochene Weinfreaks mit viel Begeisterung für das Produkt und gutem Fachwissen. Ihr Angebot ist im Vergleich mit dem Fachhandel meist etwas günstiger, weil sie durch größere Einkäufe in der Regel bessere Konditionen erhalten.

2000 JSM
Shiraz – Cabernet Franc
Fox Creek Wines
McLaren Vale,
SOUTH AUSTRALIA
0,75 l, ca. € 20,50
Weinhandlung Martin Apell

Diese Cuvée besteht zu 70 % aus Shiraz, 20 % Cabernet Franc und 10 % Cabernet Sauvignon. Während der Cabernet die seidigen Tannine bringt, kommen die dichten, saftigen Brombeeraromen vom Cabernet Franc. Das wirkliche Herz dieses Weines ist jedoch der kräftige, mundfüllende Shiraz.

Weinmessen sind eine gute, aber nicht ganz unproblematische Gelegenheit, sich einen Überblick zu verschaffen und neue Gewächse für den eigenen Keller zu entdecken. Die unten aufgeführten Tips und Termine sollte man als angehender, aber auch geübter Weinliebhaber beachten.

Messen – Beratung kommt oft zu kurz

Grundsätzlich sollte man auf Messen keine größeren Mengen ordern, sondern vorsichtshalber nur einige Flaschen zur häuslichen Nachprobe mitnehmen. Wenn es zu Hause immer noch mundet, kann man beruhigt nachbestellen.

Auf vielen Messen sind Endverbraucher nicht zugelassen. Aber es gibt immer wieder Regionalveranstaltungen und einige Präsentationen, die einen festen Platz im Terminkalender haben sollten, zum Beispiel:

- Mitte März: Pfälzer Wein- und Sektmesse in Bad Dürkheim
- Mitte April: Gutswein des Verbandes Deutscher Prädikats- und Qualitätsweingüter in Mainz in der Rheingoldhalle
- Anfang Mai: Badische Weinmesse in Offenburg
- Ende Mai: Grauburgunder-Symposium in Endingen am Kaiserstuhl (nur alle zwei Jahre, nächster Termin 2004)
- Mitte Juni: Weintage der Südlichen Weinstraße in Landau (Pfalz)

Details zu diesen Terminen erhält man beim Deutschen Weininstitut in Mainz, Tel. 06131/28 29 0.

- Ende Oktober: Weinforum Rheinhessen in Mainz
- Ende Oktober/Anfang November: Baden Württemberg Classic an wechselnden Orten
- Anfang November: Weinforum Mosel-Saar-Ruwer in Trier
- Zweite Novemberhälfte: Leistungsschau prämierter Weine aus Württemberg in Heilbronn
- Mitte November: Forum Vini in München (Tel. 089/27 29 48 20)
- Ende November: Präsentation der besten deutschen Rotweinwinzer durch das Magazin Vinum (wechselnde Orte, 2002 in Mainz, Auskünfte unter Tel. 0611/98 66 20)
- Mitte September: Gutswein und Präsentation der Großen Gewächse des Verbandes Deutscher Prädikats- und Qualitätsweingüter in Berlin.

Die gravierendsten Probleme für eine Weinprobe und Kaufentscheidung auf den meisten Messen sind die folgenden:

- *Es gibt kaum Zeit für eine ausführliche Beratung durch das Standpersonal.*
- *In der Regel sind die Weintemperaturen wechselhaft und nicht optimal.*
- *Es besteht selten die Möglichkeit zur intensiven Verkostung, da häufig nicht ausgespuckt werden kann.*
- *Durch Parfüm, Rasierwasser oder Zigarettenqualm wird eine kritische Weinprobe unmöglich.*

Vorsicht, das kann ins Geld gehen und fast zur Sucht werden! Weinfreaks lassen sich bei der Teilnahme an einer Weinauktion gelegentlich zu irrationalen Verhaltensweisen hinreißen, weil sie unbedingt einen bestimmten Wein (zum Beispiel den eigenen Geburtsjahrgang) ersteigern wollen.

Auktionen – Wenn sich zwei „hochschaukeln“

Eine Auktion kann besonders dann ein teures Vergnügen werden, wenn andere Mitbieter die gleichen Ambitionen haben und man sich gegenseitig im Preis „hochschaukelt“.

Andererseits lassen sich bei manchen Auktionen noch echte Schnäppchen machen, wenn es nicht gerade die berühmte Château-Abfüllung aus dem großen Jahrgang sein muß.

Bei einigen Versteigerungen kann man auch aus der Distanz bieten. Das heißt, man gibt anhand des Kataloges Gebote für bestimmte Weine oder Lots (selten Einzelflaschen, oft mehrere Flaschen) ab. Bietet jemand anderes auf diese Weise mehr, ist man aus dem Rennen. Wenn umgekehrt das Interesse an dem Wein gering ist, muß man vielleicht weniger zahlen, als man offeriert hat.

Zum Zuschlagpreis kommen bei einer Versteigerung stets Nebenkosten hinzu: Kommission (meist zehn Prozent), Steuern, Zustellgebühren, eventuell Versicherungsgebühren.

Für alle Weine gilt ein Mindestgebot, das sich am Ruf des Erzeugers, dem Alter des Weines, der Qualität des Jahrgangs und der Nachfrage am Markt orientiert. Interessant ist derzeit bei den besonders gefragten Bordelaiser Weinen, daß jüngere Jahrgänge oft teurer unter den Hammer kommen als Altweine aus den gleichen Häusern, die weniger begehrt sind. Wer reife Weine schätzt, nutzt das aus.

Bekannte Auktionshäuser sind:

- Christie's in London, Münchner Niederlassung, Tel. 089-22 95 39
- Sotheby's in London, Tel. 0044-(020) 72 93-5000
- Karrenbauer's in Konstanz, Tel. 075 31-272 02
- Koppe & Partner in Bremen, Tel. 0421-24 24 55
- Dr. Steinfels in Zürich (mit gelegentlichen Deutschland-Auftritten), Tel. 0041-1-27 33 23 0

Termine in Deutschland, bei denen man über Kommissionäre mitsteigern kann, nennt der Verband Deutscher Prädikats- und Qualitätsweingüter (VDP) in Bad Kreuznach, Tel. 06 71-89 59 25 0.

Die vom VDP genannten Versteigerungen finden im Frühjahr und Herbst statt. Beteiligt sind die Anbaugebiete Ahr, Hessische Bergstraße, Mosel-Saar-Ruwer, Nahe, Rheingau.

Vom Umgang mit Wein

Betrachten Sie Wein nicht als Mysterium, dem man sich nur zögernd und in Kenntnis der entscheidenden Rituale nähern sollte. Es gibt immer einen optimalen Zeitpunkt zum Öffnen einer Flasche, eine ideale Temperatur und das ideale Glas – aber auch, wenn man diese Regeln nicht unbedingt beachtet, kann Wein wunderbar schmecken und einem einfach Freude bereiten.

Wein ist ein Getränk, das auf mangelhafte Begleitumstände wie zum Beispiel ein ungeeignetes Weinglas sehr sensibel reagiert, sich andererseits aber auch erstaunlich stabil zeigen kann. So sollte man einer alten Regel zufolge eine Flasche nach dem Kauf nicht gleich entkorken, sondern einige Wochen ruhen lassen. Doch wenn die Neugierde nicht zu zähmen ist oder andere Gründe dafür sprechen, eine Flasche bald nach dem Einkauf zu öffnen, kann man erleben, daß sich der Inhalt optimal präsentiert und sich nicht vom Zustand einen Monat später unterscheidet.

Was wir damit sagen wollen: Betrachten Sie den Wein nicht als Mysterium, dem man sich nur zögernd nähert. Nur reifere Gewächse benötigen nach dem Transportweg unbedingt Ruhe, weil Depot (Bodensatz des Weins, der sich in der Flasche bildet und ein Zeichen für hochwertige Qualität ist, s. S. 69) oder Weinstein (kleine weiße Kristalle, Ausfällung der Weinsäure, beeinträchtigt nicht den Geschmack) aufgewirbelt wurde. Doch wenn Sie sich am Nachmittag im Fachhandel oder Supermarkt einige Flaschen Wein einfacherer Natur gekauft haben, ist es keine Sünde, sie noch am gleichen Abend zu entkorken. Gleichwohl sollten Sie einige Regeln beherzigen.

Die Temperatur

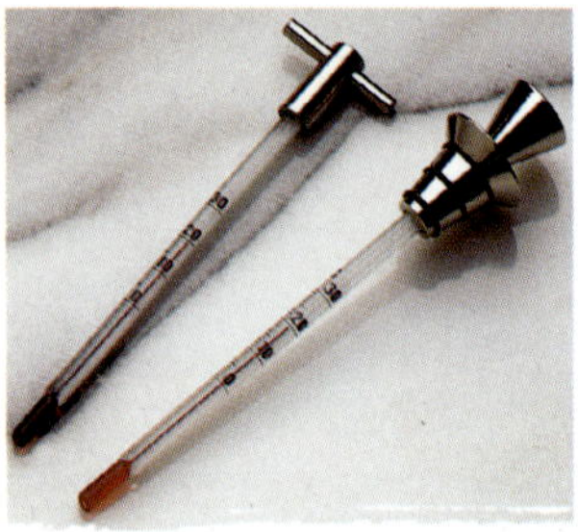

In vielen schlauen Schriften sind die Idealtemperaturen für diverse Weine exakt angegeben. Auch auf den Rückenetiketten wird gelegentlich ein guter Rat erteilt. Hin und wieder findet man hier allerdings die Empfehlung „5-6 °C" – in der Regel handelt es sich dann um einen einfachen Wein, und der Verdacht, daß der Erzeuger mit diesem Tip zur „Schockfrostung" etwas zu verbergen hat, scheint nicht unbegründet. Denn ein so kalter Wein läßt nur noch wenig Geschmack oder Aroma erkennen.

Bei den üblichen Empfehlungen sollte man berücksichtigen, daß sich der Wein im Glas relativ schnell erwärmt. Sie lauten:

- 8 bis 10 °C für leichte Weißweine, Süßweine, Sekt und Champagner,
- 10 bis 12 °C für normale Weißweine,
- 12 bis 14 °C für große, schon etwas reifere Weißweine und frische, junge Rotweine à la Beaujolais und Trollinger,
- 14 bis 16 °C für normale gute Rotweine,
- 16 bis 18 °C für noble wertvolle Rotweine.

In der täglichen Praxis in der Gastronomie kommt es immer wieder vor, daß Gäste zu murren beginnen und nach dem Eiskübel rufen, wenn man ihnen zum Beispiel einen wertvollen Weißwein aus der Bourgogne oder einen gehaltvollen, nicht mehr jungen Riesling mit 13 °C serviert. Deshalb die Empfehlung: Weine grundsätzlich etwas kühler servieren – wärmer werden sie in kurzer Zeit von alleine. Von Eiskübeln raten wir jedoch ab. Diese Kühlmethode strapaziert den Wein und raubt ihm meist sein Aroma.

Wer zu Hause keinen Klimaschrank hat, dessen verschiedene Zonen auf die jeweils passenden Temperaturen eingestellt werden können (wer regelmäßig Wein trinkt, sollte die Anschaffung eines solchen Klimaschrankes in Erwägung ziehen, auch wenn dies mit Kosten von mindestens 1 500 Euro verbunden ist), kann seinen Rotwein langsam im normalen Kühlschrank vorsichtig herunterkühlen. Das ist auf jeden Fall besser, als wenn man ihn zu warm trinkt.

Vorsicht bei einer Bestellung in einem der weniger gehobenen italienischen Restaurants. Hier ist es oft (Un)Sitte, daß die Rotweine in einem Wandregal mitten im Lokal aufbewahrt werden und dabei natürlich die Raumtemperatur annehmen. Diese kann in einem solchen Restaurant schon mal bei 25 °C und darüber liegen. Wenn Sie einen solchen Wein begehren, können Sie nur darum bitten, ihn gleich in den Kühlschrank zu legen.

Apropos Raumtemperatur: Diese Empfehlung für Rotweine stammt aus Zeiten, in denen die Wohnräume noch nicht so aufgeheizt wurden wie heute. Damals lagen die Wohnraumtemperaturen bei 16 bis 17 °C.

Ob man sich als Weinprofi und Genießer jemals daran gewöhnen kann, daß es Menschen gibt, die Eiswürfel ins Weinglas geben? In unserer täglichen gastronomischen Praxis versuchen wir, diplomatisch vorzugehen und allenfalls dezent darauf hinzuweisen, daß sich dann im Wein möglicherweise ein leichter Chlorgeschmack bemerkbar machen könnte. Ansonsten lassen wir den Gästen ihren Willen und verhalten uns so gefaßt wie ein kreativer Koch, der auch mal mit dem Wunsch nach einem Fläschchen Ketchup zum kusprig gebratenen Lammrücken konfrontiert wird.

Apropos Temperatur – das oberste Gebot sollte stets sein: Trinken Sie Ihren Wein so, wie Sie ihn am liebsten mögen.

Sauvignon

2001 Sauvignon Blanc
Kim Crawford
Marlborough, NEUSEELAND
0,75 l, ca. € 14,50
Schütz Weinimport

Mit diesem spritzigen Sauvignon aus Marlborough, der vom Wine Spectator mit 89 Punkten bedacht wurde, zeigt Kim Crawford das ganze Spektrum von typischen Fruchtnoten: Stachelbeeren und schwarze Johannisbeeren, reife Noten, ein wenig Orange, Birne und auch ein wenig Pfeffer.

Der richtige Zeitpunkt zum Öffnen

Rotwein kann man nach dem Öffnen in eine Dekantierkaraffe umfüllen, damit er mehr Sauerstoff bekommt. Am frisch herausgezogenen Korken riecht man, ob der Wein in Ordnung ist.

Manche Weine benötigen fast so etwas wie eine Gebrauchsanweisung. Und hin und wieder liefern sie die Winzer gleich mit, weil sie entsprechende Erfahrungswerte haben. In der Regel sind es aber nur Rotweine, die sich durch vorzeitiges Öffnen und den dann entstehenden Kontakt mit Luft richtig entfalten. Dies gilt besonders für höherwertige Weine. Typisches Beispiel: Sie bestellen einen Barolo in einem Restaurant und stellen beim ersten Schluck fest, daß er nichtssagend schmeckt. Der Kellner wird Ihnen den Rat geben, dem Wein Zeit zu geben. Wenn Sie die Zeit mitgebracht haben, werden Sie sich nach zweieinhalb Stunden wahrscheinlich davon überzeugen können, daß sich der rote Piemonteser in perfektem Zustand befindet.

Es gibt einige bekannte Rotweine, bei denen erfahrene Genießer die Flasche sogar schon am Vortag öffnen und den Korken nur lose wieder reinstecken, zum Beispiel den Brunello di Montalcino aus der Toskana, der zunächst recht ruppig wirken kann, aber 24 Stunden später viel Charme und Größe entfaltet.

Dekantieren: ja oder nein?

Um die Aromen und die Geschmacksfülle des Weines zu fördern, kann man ihn zusätzlich dekantieren. Das ist keine höhere Wissenschaft. Man füllt lediglich den Wein in eine entsprechende Karaffe um. Durch ihren breiten Bauch bekommt der Wein über die so vergrößerte Oberfläche intensiv Kontakt mit Luft und „öffnet" sich.

Dies funktioniert gut bei jungen, wertvolleren, nicht allzu spritzigen Weißweinen oder bei Rotweinen, die sich noch nicht ganz auf ihrem Höhepunkt befinden. Wenn Sie hier Zweifel haben, fragen Sie Ihren Weinhändler.

Durch das Dekantieren kann man darüber hinaus bei den Roten das Depot, das sich im Lauf der Jahre in der Flasche gebildet und am Boden abgesetzt hat, vom Wein trennen. Lassen Sie den Wein ganz langsam in die Karaffe einfließen, am besten indem Sie unter den Flaschenhals eine Lichtquelle (Kerzen sind besonders stimmungsvoll für eine solche Zeremonie) positionieren, mit deren Hilfe Sie beim Einschenken beobachten können, ab wann das dunkle Depot in die Karaffe zu laufen droht.

Vorsicht ist jedoch bei alten Rotweinen angebracht. Werden sie dekantiert, besteht die Gefahr, daß sich ihre Aromen und Geschmacksstoffe zu schnell „in Luft auflösen". In der ersten Minute duftet der Wein noch wunderbar, dann verfliegt der „Zauber" spurlos.

Weinkaraffen sind normalerweise schwer von innen zu reinigen. Wir nehmen dafür Corega Tabs und weichen die Karaffe mit ein bis zwei Tabletten über Nacht ein. Am nächsten Tag spülen wir diese dann mit Wasser gut aus, und die Karaffe sieht aus wie neu!

Die richtigen Gläser

Wenn es nach den Glasherstellern ginge, dann müßten wir alle mindestens drei Dutzend verschiedene Garnituren Weingläser im Schrank haben: für den Riesling, den Chardonnay, den Traminer, den Syrah, den Cabernet, den Bordeaux, den Chianti usw. Andere Produzenten haben Glastypen für bestimmte Weinregionen entwickelt. Wir wollen es ja nicht in Abrede stellen, daß ausgeklügelte, in langen Testreihen ermittelte Glasformen einer bestimmten Rebsorte die allerletzten Feinheiten entlocken oder die Weine eines Gebietes vorteilhafter darstellen können. Aber wer erkennt schon diese feinen Unterschiede?

Deshalb reicht eigentlich eine Grundausstattung, die man sich in jedem Glasfachgeschäft oder Warenhaus zusammenstellen kann:

- Weißweinglas: mittelgroß, schlanker, sich nach oben verengender Kelch.
- Burgunderglas: groß, bauchig, recht voluminös; in ihm fühlt sich auch ein Barolo wohl.
- Bordeauxglas: nicht ganz so bauchig, Kelch geht mehr nach oben, längerer Stiel, eignet sich auch gut für sonstige Rotweine wie zum Beispiel Cabernets der Neuen Welt, Chiantis, Super-Toskaner-Cuvées.
- Sektkelch (Flöte): schlank, leicht nach oben verengend, möglichst mit Moussierpunkt (ein kleiner Einschliff am Boden des Glases), damit sich die Perlung richtig entfaltet. Auf keinen Fall sollten Sie Sektschalen verwenden: In diesen Gefäßen verliert der Sekt oder Champagner seine Perlung so schnell und so gründlich, als hätte man sie mit dem Quirl herausgerührt.
- Süßwein- oder Likörglas: kleiner, aber ähnlich geformt wie das Weißweinglas.

Weingläser sollten nie zu voll eingeschenkt werden. Der Wein wird sonst zu schnell warm und läßt sich außerdem nicht gut schwenken.

Am Stiel des Glases angefaßt, läßt sich der Wein am besten schwenken.

Sekt oder Champagner sollte man nicht in Schalen servieren, denn dann verfliegt die schöne, frische Kohlensäure sehr schnell. Besser sind tulpenförmige Gläser.

Einige Bedingungen sollten alle guten Weingläser erfüllen:

- Der Kelch (Kuppa) sollte sich nach oben verjüngen und genügend Platz für den Wein bieten. Ungeeignet sind die in Deutschland oft noch bei der offiziellen Weinprüfung benutzten Minikelche, in denen man den Wein nicht richtig schwenken kann. Tut man es doch, sind Hose und Rock in Gefahr …
- Das Glas sollte dünnwandig sein und einen langen Stiel haben, damit man es nicht am Kelch anfassen muß, dabei Fingerabdrücke hinterläßt und die Weintemperatur erhöht.

- Selbstverständlich sollte es farblos sein, damit die Farbe des Weines klar erkennbar bleibt. Auch Verzierungen stören nur, solche Gläser taugen mehr als Schmuck für den Schrank.

Ein leider wenig beachtetes Problem sind die unangenehmen Aromen, die sich im Glas entwickeln können. Oft wird dies auf den Wein zurückgeführt, doch häufig liegt eine falsche Behandlung der Gläser zugrunde. In der gastronomischen Praxis werden Gläser entweder mit klarem Wasser oder mit ausgetüftelten Spülgeräten gereinigt. Zu Hause kann man die Gläser in die Spülmaschine stellen, sollte aber mit Leitungswasser nachspülen und hinterher dafür sorgen, daß sie luftig stehen. Also bewahren Sie die Gläser nicht in Kartons oder im alten, muffelnden Holzschrank auf. Diese Gerüche nimmt das Glas zusätzlich auf!

Ein großer Fehler besteht auch darin, die Gläser kopfüber gestellt zu lagern. Man kann dies sogar bei großen Banketts in noblen Hotels erleben. Da stehen dann die Gläser mit dem Fuß nach oben häufig auf einer Plastikunterlage – um den scharfen Geruch herauszubekommen, müßten sie sofort wieder gespült werden.

Tip für den Alltag: Wenn Sie eine gewisse Geruchsentwicklung im Glas bemerken, schwenken Sie doch einfach einen Schluck Wein, um so die Gerüche zu entfernen. „Avinieren" oder „weingrün machen" sind die Fachausdrücke dafür. In sehr guten Restaurants wird es von Sommeliers praktiziert, meist erst nach Rücksprache mit den Gästen (weil viele nicht wissen, was der Sinn der Prozedur ist).

Authentis – Eine neue Generation professioneller Weingläser des Glasspezialisten Spiegelau. Sie bringen den Eigencharakter des Weines und die sinnliche Wahrnehmung beim Trinken optimal in Einklang. Neben einer perfekten Kelchgröße besticht die nahtlos gezogene Kelch-Stiel-Bodenkombination. Man hat das Gefühl, ein handgefertigtes Glas zu halten. Die Gläser fühlen sich wunderbar an, sind sehr ästhetisch und es macht großen Spaß, daraus zu trinken. Tip von Hendrik Thoma und Christina Fischer: Das Allroundglas Nr. 03 – einfach & praktisch – weil man es sowohl für Weiß- als auch für Rotweine nutzen kann. Ein Glas für jeden Tag!

Flaschen im Anbruch

Wenn Sie eine Flasche Weißwein entkorken, sollten Sie den Inhalt möglichst am gleichen Tag genießen. Denn schon 24 Stunden später geht die Frische verloren, und der Wein schmeckt bereits abgestanden – es sei denn, Sie haben sich am Vortag lediglich einen kleinen Schoppen gegönnt. Anders ist es mit edelsüßen Weißweinen und Likörweinen (Port, Sherry etc.). Hier konserviert die Süße. Und im Idealfall entwickelt sich der Wein vielleicht sogar noch etwas vorteilhafter. Der Inhalt einer halbgeleerten Flasche Trockenbeerenauslese kann also auch nach etlichen Wochen immer noch großartig schmecken – muß aber nicht. Bessere jüngere Rotweine können nach ein, zwei Tagen in der geöffneten Flasche an Feinheiten gewinnen. Im Fachhandel gibt es spezielle Vakuumverschlüsse für geöffnete Weinflaschen, die den Alterungsprozeß hinauszögern.

Der richtige Korkenzieher

Vor den Preis des Genusses haben die Götter den Schweiß beim Entkorken gesetzt. Und dazu bedarf es eines guten Korkenziehers, denn der Korken kann abbrechen, in die Flasche bröseln oder – bei älteren Weinen – schon bei leichtem Druck durch das Gerät in die Flasche rutschen. Selbst Profis haben hier immer wieder mal Probleme. Meist liegt das dann an einem nicht sonderlich tauglichen Korkenzieher. Zwei Dinge sind besonders wichtig:

1) Das Gerät muß eine ausreichende Hebelkraft entwickeln. Bei den üblichen Kellnerkorkenziehern ist das nicht unbedingt der Fall. Hier besteht eher die Gefahr, daß der Flaschenrand Schaden nimmt.

Sehr gut geeignet sind die Flügelkorkenzieher, die das Drehmoment nutzen. Nahezu von selbst geht es mit dem populären Screwpull, der zwar nicht ganz billig ist, dessen Spirale aber durch den Korken wie durch weiche Butter gleitet. Dann dreht man den Hebel nur mehr im Uhrzeigersinn – und hat den Korken. Die Konkurrenz hat einige Vari-

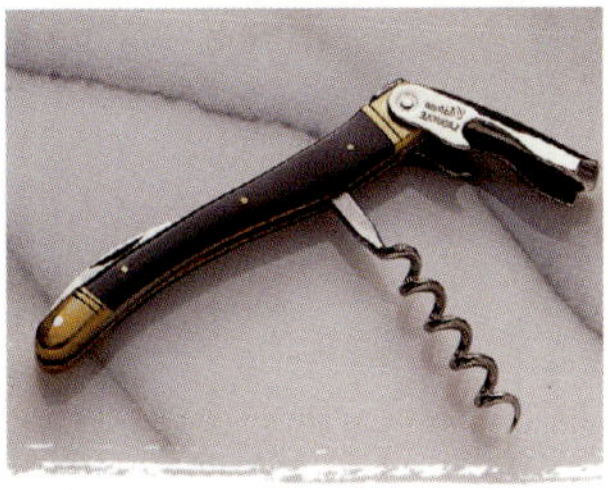

arten zu diesem Prototyp entwickelt, die ähnlich gut funktionieren.
2) Die Spirale muß eine „Seele" haben, das heißt, ein dünner Gegenstand (Streichholz) muß in das Gewinde passen. Ist dies nicht der Fall, wird der Korken eher zerschnitten als durchbohrt, und man bekommt Probleme beim Herausziehen.

Weinflaschen

In der Gastronomie arbeitet man gern mit Magnumflaschen (1,5 Liter), denn sie sind ein optischer Blickfang und sehen nach etwas Besonderem aus. Hinzu kommt, daß guter Wein in ihnen auch etwas langsamer als in der üblichen 0,75-Liter-Flasche reift. Ein Bordeaux aus dem gleichen Château, vom gleichen Jahrgang und mit identischen Lagerungsbedingungen wird in der kleineren Flasche immer weiter entwickelt sein. Während er hier vielleicht gerade „auf dem Punkt" ist, präsentiert sich das Gewächs in der größeren Flasche noch recht verschlossen, in einer 0,375-Liter-Flasche kann er bereits zu weit fortgeschritten sein. Das kleine Geheimnis für den unterschiedlichen Zustand des eigentlich gleichen Weines liegt im unterschiedlichen Verhältnis von der Weinmenge zur Luft, die sich unter dem Korken befindet.

Weinflaschen gibt es übrigens schon sehr lange, das beweisen immer wieder Ausgrabungsfunde. Aber erst ab dem 18. Jahrhundert wurde Wein mit System in Glasflaschen gefüllt. Mit der Zeit entwickelten sich die diversen Normen und Größen. Neben der schon erwähnten und eher in der Gastronomie angebotenen 0,375-Liter-Flasche, der für den Endverbraucher gebräuchlichen 0,75-Liter-Flasche, der 1-Liter-Flasche für Zechweine sowie dem österreichischen „Doppler" (2 Liter, „Volksmagnum" genannt) gibt es noch folgende Größenordnungen:

Bocksbeutel

Spezielle, flachbauchige Flaschenform, besonders in Franken traditionell im Gebrauch. Darf in Deutschland außerdem in vier Gemeinden der Ortenau (Neuweier, Varnhalt, Steinbach, Umweg) benutzt werden.

4 Flaschen: Jeroboam oder Doppel-Magnum
6 Flaschen: Rehoboam
8 Flaschen: Impériale oder Methusalem
12 Flaschen: Salmanazar
16 Flaschen: Balthasar
20 Flaschen: Nebukadnezar

Darüber hinaus sind Sonderanfertigungen möglich. Die größte Weinflasche der Welt wurde 1981 in der Schweiz gefertigt. Sie war etwa eineinhalb Meter hoch und wurde mit 111 Liter Gamay vom Genfer See gefüllt.

Die Lagerung

Wein verändert sich mit der Zeit und wandelt sich vom vielleicht spritzigen Jüngling zum reifen Edelmann oder vom gerbstoffbetonten, abweisenden Rotwein zum samtigen Charmeur. Auch das Gegenteil kann der Fall sein. Der ursprünglich beeindruckende Tropfen, von dem man sich in erster Begeisterung gleich einige Kisten in den Keller gelegt hat, schmeckt nach zwei, drei Jahren plötzlich matt und schal oder hat unangenehme Düfte angenommen. Im letzteren Fall sind zwei Ursachen möglich: Es war ein „Blender", der nur in der Jugend beeindruckte und keine Alterungssubstanz hatte, oder die Lagerung war nicht optimal.

Der „ideale Weinkeller" ist dunkel, hat eine gleichbleibende Jahrestemperatur von etwa 12 °C, eine Luftfeuchtigkeit von ca. 70 Prozent, und Vibrationen, zum Beispiel durch Straßenbahnverkehr oder Tiefflieger, sind ausgeschlossen. Nur: Wo gibt es solche Keller?
In Wohnanlagen kaum, weil die Architekten bei der Planung alles im Kopf haben, nur nicht, daß irgendwann einmal hier jemand einziehen könnte, der im Keller seine Weinsammlung unterbringen möchte.
Der Keller im eigenen Häuschen, so überhaupt einer vorhanden ist, entspricht auch nicht immer den optimalen Voraussetzungen: Oft ist er zu feucht, wahrscheinlich ist er zudem nicht geruchsfrei, schlimm-

stenfalls sogar etwas modrig. Zudem schwankt die Temperatur im Jahresverlauf zwischen knapp über 0 °C im Winter und 25 °C im Hochsommer. Dieser Wechsel zwischen den Extremen behagt dem eigentlich recht widerstandsfähigen Wein am wenigsten.

Natürlich kann man „nachrüsten" und sich seinen eigenen Weinkeller einbauen lassen – was aber nur für Hausbesitzer möglich (und teuer) ist. Für einen solchen Keller gibt es entsprechende Klimaschränke, oder man läßt sich von Spezialisten Sonderanfertigungen mit eingebauter Klimaanlage installieren.

Wenn es um 100 und 200 Flaschen geht, die optimal untergebracht werden sollen, kann man sich auch einen speziellen Flaschenkühlschrank kaufen, der nicht so stark vibriert wie die normalen Kühlschränke. Ab rund 1 500 Euro gibt es solche Geräte im Fachhandel.

Wer nur kleinere Weinvorräte unterzubringen hat, kann zum Beispiel einen Schrank in einem wenig bewohnten und nicht beheizten Zimmer benutzen. Es sollte allerdings nicht der Raum neben dem Öltank, der Garage oder dem Kartoffellager sein, weil die Gefahr besteht, daß der Wein die Gerüche annimmt. Oft findet sich auch Platz im meist kühlen Schlafzimmer oder im Treppenhaus. In der Küche hat ein Weinlager dagegen nichts verloren – obwohl manche Küchenarchitekten in die Einbauküche ein Weinregal integrieren.

Grundsätzlich sollte Wein liegend aufbewahrt werden. Denn nur wenn der Korken innen ständig feucht gehalten wird, trocknet er nicht aus und bleibt dicht. Regale gibt es in allen möglichen Formen und Größen im Fachhandel. Nicht sonderlich praktisch sind die optisch hübschen Tonröhren, da sie sehr viel Platz beanspruchen. In anderen Regalsystemen ist mehr Übersicht gewährleistet, außerdem läßt sich besser Ordnung halten.

Wenn Wein in Pappkartons in einem etwas feuchten Raum aufbewahrt wird, kann es vorkommen, daß der Karton einen modrig-schimmeligen Geruch annimmt, der sich im Extremfall auf die Weine überträgt.

Welche Weine kann man lagern?

Den durchschnittlichen, preiswerten Weiß- oder Rotwein trinkt man am besten bald nach dem Einkauf. Bessere Weine können sich mit der Zeit vorteilhaft entwickeln. Das gilt bei Weißweinen für einen guten Riesling sowie für alle edelsüßen Leckereien (Auslesen, Beerenauslesen), Sauternes, einige Loire-Gewächse, den Tokajer aus Ungarn und für die Likörweine (Port & Co.). Einige Jahrzehnte sind für die besten solcher Tropfen noch kein Alter. Wir durften uns schon gelegentlich ins 19. Jahrhundert zurückprobieren und fanden solche Gewächse einfach köstlich.

Bei Rotweinen sind es die herben, gerbstoffbetonten Gewächse, die mit den Jahren besser werden, manchmal sogar nach 50 oder 60 Jahren noch ein Genuß sind. Das gilt vor allem für die wertvollen Bordeaux; aber auch die Burgunder und der Barolo aus Italien haben eine gute Kondition.

Ob ein Wein noch ein, zwei oder gar zehn Jahre liegen sollte bzw. wie lange ein Wein lagerfähig ist, darüber sollte Ihnen der Weinhändler kompetente Auskunft erteilen können.

Douro

2000 Quinta da Carvalhosa
Douro, PORTUGAL
Bernhard Breuer, Werner Näkel und Bernd Phillippi
0,75 l, € 22,00
FUB Köln

Ein roter Tischwein mit der Appellation d'origine „Douro" der aus den lokalen Trauben Tinta Roriz, Touriga Nacional, Touriga Francesa und Tinta Barrocca erzeugt wird. Auf natürliche Weise, ganz ohne Pumpe und Filter, im kleinen Holzfaß ausgebaut wird er unfiltriert auf die Flasche gezogen.

Bordeaux

1999 Château Tour
Haut Caussan
Cru Bourgeois
Haut-Médoc, FRANKREICH
0,75 l, ca. € 14,90
Weinland Mövenpick

Einen anderen Bordeaux mit so vielen Vorzügen in dieser Preiskategorie zu finden, dürfte schwerfallen. Er hat diese typische „erdige Nase", viel Cassisfrucht und schöne Röstaromen vom Ausbau in neuen Eichenholzfässern. Beständig bei den Besten seiner Region und auch ohne weiteres 10 Jahre lang lagerfähig.

Wir machen eine Weinprobe

Es gibt viele Möglichkeiten, mit Freunden einen geselligen Abend zu verbringen. Und wenn Sie gern Gäste einladen, warum nicht einmal zu einer munteren Weinprobe? Selbst wenn Sie nicht der große Weinexperte oder die Fachfrau sind, läßt sich eine solche Verkostung leicht bewerkstelligen. Nur einige Regeln sollten beherzigt werden.

Die Vorbereitung

Spätburgunder

2001 Blanc de Noirs
Spätburgunder weiß gekeltert
Weingut Gutzler
Gundheim, RHEINHESSEN
0,75 l, € 5,70
ab Weingut oder FISCHERS Weingenuß & Tafelfreuden

Man traut seinen Augen kaum, obwohl es sich um eine rote Rebsorte handelt ist der Wein ganz hell … Da die roten Farbstoffe in der Traubenschale sitzen, bleibt der Most bei sofortigem Abpressen ohne Maischestandzeit klar. So entstehen ideale Essensbegleiter.

Die Anzahl der Gäste

Wie viele Gäste man zu einer solchen Probe einlädt, hängt neben den räumlichen Kapazitäten und dem Weinglasvorrat auch von der Anzahl der Flaschen ab, die für eine Probe zur Verfügung stehen oder mitgebracht werden.

Im häuslichen Bereich wird man in der Regel 0,75-Liter-Flaschen verwenden, die für rund 15 Probeschlucke reichen. Eine „Tafelrunde“ könnte mithin bis zu zehn oder gar zwölf Gäste umfassen, ohne daß man allzu knausrig beim Einschenken sein müßte.

Der Vorteil einer kleineren Gruppe besteht darin, daß die Konzentration der Teilnehmer höher ist – und während der Probe sollte die volle Aufmerksamkeit tatsächlich allein den Weinen gehören. Das Weinthema, mit dem sich die Runde beschäftigen soll, kann man bereits in der Einladung bekanntgeben. Aber ein bißchen „Geheimnistuerei“ ist ebenfalls gestattet.

Der Ort

Der Raum sollte möglichst hell sein, weil auch die Farbe des Weines zu begutachten ist. Leisten Sie sich ein weißes Tischtuch, selbst wenn Rotwein ausgeschenkt wird. Die zwangsläufig entstehenden Flecken gehen beim Waschen wieder heraus.

Der Raum sollte möglichst geruchsfrei sein, denn jeder fremde Geruch wird die Aufnahme der charakteristischen Duftnoten der probierten Weine stören oder verfälschen. Wenn also am Tag zuvor Raucher im Haus waren, sollte man gründlich lüften, sonst hat man bei der Weinprobe statt der Feinheiten des Bouquets kalten Rauch in der Nase. Und selbstverständlich sollten im Probierraum keine Aschenbecher stehen, damit die Raucher gar nicht erst in Versuchung kommen. Es sollte auch kein unmittelbar neben der Küche gelegenes Zimmer sein. Und wenn erst kürzlich die Maler im Haus waren, sollten Sie die Probe lieber um ein paar Wochen verschieben – Farbgeruch ist sehr hartnäckig.

Bitten Sie bei der Einladung außerdem diplomatisch darum, daß die Gäste an diesem Tag auf Parfüm oder Rasierwasser verzichten.

Was man benötigt

- Genügend Weingläser je nach Art der Weine (s. S. 70f.), die für eine Verkostung gut geeignet sind. Wichtigstes Prinzip: Die „technischen“

Voraussetzungen sollten für alle Teilnehmer gleich sein. Chaos ist hingegen vorprogrammiert, wenn die Gäste ihre Gläser selbst mitbringen. Der eine schwört auf schweres, undurchsichtiges Bleikristall, der andere auf ein bauchiges großes Rotweinglas und wieder andere hatten zuletzt Senf in ihrem Glasmitbringsel. Achten Sie also auf identische Gläser für sämtliche Teilnehmer. Wenn mehrere Proben gleichzeitig eingeschenkt werden, sollten die Gläser (oder die Untersetzer) numeriert werden, damit keine Verwechslungen vorkommen.

- Ausgußgefäße, weil man nicht unbedingt alles, was eingeschenkt wird, auch trinken möchte.
- Schreibutensilien und eine Probenliste (mit einer Auflösung bei verdeckten Verkostungen, die natürlich erst hinterher verteilt wird). Die Liste sollte genügend Raum für Notizen enthalten.
- Mineralwasser und Weißbrot für die geschmackliche Neutralisation zwischendurch.
- Einen funktionstüchtigen Korkenzieher (s. S. 72f.).

Wie man verkostet

Das Heitere vorweg: Schmatzen und Schlürfen ist ausdrücklich erlaubt. Doch der Reihe nach. Wir orientieren uns an der Reihenfolge, die der römische Dichter Horaz schon vor etwa 2000 Jahren vorgab: „Colore, odore, sapore“ (Farbe, Geruch, Geschmack).

Zuerst wird also die Optik des Weines überprüft, seine Farbe und Klarheit. Früher, als die Weine häufig noch etwas trüb waren, hatte diese optische Kontrolle besonders viel Sinn. Heute ist sie vor allem wichtig, um festzustellen, ob der Wein noch sehr jung ist oder ob es sich schon um ein gereiftes Semester handelt. Junge Weißweine sind hellgrün oder ganz hell, junge Rotweine violett. Ein tief goldfarbener oder schon wie Bernstein leuchtender Weißwein hat in der Regel bereits etliche Jahre in der Flasche verbracht. Und bei einem kupferfarbenen Rotwein mit orangenfarbenen Rändern kann es sich ebenfalls nicht mehr um ein junges Gewächs handeln.

Nach dem Sehen kommt das Riechen. Der Duft des Weines wird bestimmt durch die Sortenart sowie durch Boden und Klima. Die typischen Aromen der wichtigsten Rebsorten sind im entsprechenden Kapitel nachzulesen (s. S. 25ff).

Kirchenfenster

Ein gutes optisches Zeichen im Weinglas. Wenn man nach dem Einschenken und Schwenken Schlieren erkennt, die tatsächlich die Form von romanischen oder gotischen Kirchenfenstern haben, ist das ein Hinweis auf reichlich Extrakt und damit eine bessere Qualität.

Körper

Ausdruck für Dichte und Kraft eines Weines. Ein kräftiger Körper muß nicht unbedingt eine vorteilhafte Beschreibung sein. Auch mit einem „schlanken Körper“ kann ein Wein Finesse haben.

Der menschliche Geruchssinn ist von Natur aus eigentlich recht gut, aber oft nicht ausreichend trainiert. Doch man kann das Erkennen der Aromen lernen – durch viel Übung im Umgang mit Wein, aber auch zum Beispiel mit Küchenkräutern. In Deutschland gibt es Sensorikseminare mit entsprechenden Schulungen (Termine beim Deutschen Weininstitut in Mainz, Tel. 06131-28290). Darüber hinaus kann man durch den Fachhandel spezielle „Riechkästen“ beziehen, die kleine Fläschchen enthalten, deren Flüssigkeiten die markantesten Duftnoten verströmen. Wenn am Tisch eine Diskussion entsteht, lassen Sie ihr freien Raum. Laien haben oft den besten Riecher. Während Profis sich gern an bestimmte Regeln halten und beispielsweise automatisch dem Riesling attestieren, daß er nach Pfirsich duftet, behauptet der Laie unbefangen, daß „der riecht, wie meine englische Orangenmarmelade aus dem Supermarkt“ – und damit muß er nicht falsch liegen.

Wichtig ist, daß der Wein reintönig ist und keine deutlichen oder nur unterschwellig wahrnehmbaren Mängel hat (s. S. 85f.). Die Nase ist in dieser Hinsicht eine Art Schranke, mit der sich bereits feststellen läßt: trinkbar oder nicht genießbar.

Um das Aroma optimal erschnuppern zu können, wird das nur zu maximal einem Drittel gefüllte Glas leicht geschwenkt und dann die Nase mehr oder weniger weit reingesteckt. Holen Sie tief Luft, und nehmen Sie dabei die Düfte auf. Sagen Sie spontan, was Ihnen einfällt, oder notieren Sie es auf Ihrer Probenliste – und sei es im ersten Moment auch noch so abartig (es gibt Weine, die tatsächlich nach Teer, Tabak, Petroleum, Lack oder abgefahrenen Autoreifen riechen).

Frauen sind oft einfallsreicher als Männer, weil sie in der Regel am Herd und bei der Schönheitspflege mehr mit Düften zu tun haben. So kann es durchaus sein, daß eine Dame recht selbstsicher meint, daß der betreffende Wein nach Thymian, Minze oder Chanel No. 1 riecht, während die Herren der Schöpfung verzweifelt nach Worten suchen, um den Wein zu beschreiben.

Hat der Wein die Geruchsprobe bestanden, wollen wir endlich wissen, wie er schmeckt. Die Zunge ist dafür das entscheidende „Instrument" – obwohl sie eigentlich nur vier Geschmacksrichtungen wahrnehmen kann, nämlich süß (auf der Spitze), salzig (auf der vorderen Hälfte), sauer (an den Rändern) und bitter (hinten).

Alle Geschmackseindrücke fließen zusammen und ergeben einen Gesamteindruck, der sich noch dadurch verstärken läßt, daß man etwas Luft in den Mund holt (deshalb das Schmatzen und Schlürfen). Geben Sie dem Wein Zeit, lassen Sie ihn auf der Zunge einen Spaziergang unternehmen, kauen Sie ihn. Erst dann erschließen sich seine Facetten.

Abgang

Der (kurze oder lange) Eindruck, den ein Wein nach dem Schlucken am Gaumen geschmacklich hinterläßt.

Manche haben ihre eigene Methode, die Qualität eines Weines festzustellen. Sie zählen zum Beispiel die Sekunden, die der Wein beim Abgang benötigt, um sich ganz zu verabschieden. Ein zum Beispiel recht bitterer Wein ist hier jedoch eindeutig im Vorteil, ohne gut sein zu müssen ...

Mit welcher Sprache der Wein in seiner Gesamtheit beschrieben wird, ist eigentlich egal. Lassen Sie der Phantasie freien Lauf. Sprechen Sie aus, was Ihnen gerade einfällt. Ein bißchen Poesie ist erlaubt. So kann ein schwerer, öliger Wein mit einem Gemälde von Rubens verglichen werden, ein höchst erfrischender Leichtwein mit einem Gebirgsbach, ein kraftvoller, dichter Wein mit Muskelprotz Arnold Schwarzenegger. Oft drängt sich auch in Gedanken ein Gericht auf, das man am liebsten mit diesem Wein in Kombination genießen möchte.

Welche Proben Spaß machen

Eine Grundregel für Weinproben lautet: Bieten Sie lieber weniger Flaschen an, aber dafür solche mit gutem Inhalt. Denn schnell wird die Probe langweilig, wenn fünf, sechs gleichartige, mittelmäßige Weine eingeschenkt werden.

Silvaner

2001 Silvaner Classic
Weingut Kruger-Rumpf
Münster-Sarmsheim, NAHE
0,75 l, ca. € 4,60
ab Weingut

Ein frecher, trockener, klassischer Silvaner mit Seele und Charakter. Leider findet man das nicht immer bei dem neu eingeführten Begriff „Classic“. Zum Wohl der deutschen Weinlandschaft würden wir es uns wünschen!

Eine Verkostung sollte immer Vergleiche ermöglichen. Deshalb sollte man auch nicht ständig von herb nach süß und umgekehrt springen oder verschiedene Rebsorten kunterbunt mischen. Das wäre wie ein Vergleich zwischen Äpfeln, Birnen und Bananen. Gleiches gilt für die beliebten Proben à la „Bordeaux gegen den Rest der Welt“.
Mischen sollten Sie nur dann, wenn es darum geht, bestimmte Weine oder Rebsorten zu erkennen (wie eine Weinzusammenstellung für eine Probe aussehen könnte s. u.).

In professionellen Kreisen wird meist „blind“ probiert. Das heißt nicht, daß sich die Verkoster gegenseitig die Augen verbinden. Aber die Flaschen sind verhüllt, und man weiß nicht mehr als den Jahrgang, die Sorte und vielleicht noch das Gebiet. Durch eine solche Probe vermeidet man jede Voreingenommenheit, im positiven wie im negativen Sinn. Und es kommt nicht selten vor, daß bei einer solchen Gelegenheit ein Kellermeister seine eigenen Weine schlecht bewertet, weil er erst im Vergleich mit anderen Tropfen erkennt, daß sein Wein nicht die wahre Qualität besitzt. In seinem Keller hingegen steht in der Regel Betriebsblindheit einer wirklich gerechten Bewertung entgegen. Solche Blindproben können auch im privaten Kreis veranstaltet werden – wenn nicht nur Weine eines einzigen Gutes auf dem Programm stehen.

Hier einige Vorschläge für Verkostungen:

Die traditionelle Probe

Eine Leiter von der einfacheren Qualität bis zum wertvollen edelsüßen Wein am Ende. Also: Wir starten mit einem leichten Kabinettwein, dann kommt die Fortsetzung mit Qualitätswein ohne Prädikat in trocken und lieblich (vielleicht gleiche Sorte/Lage zum Vergleich des Geschmacks bei beiden Kategorien). Anschließend folgt eine Spätlese,

dann eine Auslese und schließlich eines der höchsten Prädikate (Beerenauslese, Eiswein oder Trockenbeerenauslese).

Die Jahrgangsprobe

Man widmet sich nur einem Jahrgang und hier wiederum möglichst nur einer Sorte aus einer Region oder einem Gebiet, zum Beispiel „Deutscher Riesling Spätlese trocken 1998“, „Bordeaux 1995“, „Deutscher Spätburgunder 1997“, „Chianti Classico 1996“.

Das Ratespiel

Hier geht es darum, verschiedene Sorten oder Weintypen zu erraten. Passend sind beispielsweise der sehr fruchtbetonte Riesling, der nach Paprika duftende Cabernet Sauvignon, der Sauvignon Blanc mit seinem Holunder- und Stachelbeeraroma, aber ebenso der fruchtige Chianti oder der gerbstoffbetonte Bordeaux. Es sollte sich in jedem Fall um sehr charakteristische Ausprägungen handeln und nicht unbedingt zum Beispiel um einen kaum mehr typischen Müller-Thurgau mit Barrique-Ausbau.

Die internationale Probe

Gleiche Sorten aus verschiedenen Ländern gilt es zu vergleichen, z. B. Riesling aus Deutschland, Österreich und dem Elsaß oder Lemberger bzw. Blaufränkisch aus Württemberg und Österreich, Sauvignon Blanc von der Loire, aus Südafrika, Neuseeland, Australien und Kalifornien, Pinot Noir bzw. Spätburgunder aus dem Burgund, aus Deutschland, Österreich und der Neuen Welt, Chardonnay aus Deutschland, Frankreich, Österreich und der Neuen Welt.

Die Preisprobe

Man nehme gleichartige Weine, zum Beispiel Chablis, Pinot Grigio,

2000 Cuvée Bertrand
Schloß Gobelsburg
Langenlois, ÖSTERREICH
0,75 l, ca. € 12,25
Steines KG, la Cave

Diese köstlich fruchtige Cuvée aus der international bekannten Rebsorte Merlot bekommt ein wenig Lokalkolorit und damit „Pepp“ durch die einheimischen Zweigelt und den Blaufränkisch (Lemberger). Klasse zu pikanter Wurst und einfachen Schmorgerichten. Toller Partywein!

Soave, Chianti aus verschiedenen Quellen (Supermarkt, Fachhandel), und überprüfe, ob die billigen Weine auch wirklich schlechter sind. Das funktioniert natürlich dann am besten, wenn niemand weiß, was er im Glas hat. Also werden die Flaschen entweder verdeckt (mit einer Alufolie) oder aus einer Karaffe eingeschenkt. Eine andere Variante, die möglicherweise zu überraschenden Ergebnissen führt, ist die Preisschätzprobe. Lassen Sie von den Gästen den vermuteten Wert der Weine taxieren. Kann schon mal sein, daß da ein hochdotiertes Gewächs bei zwei Euro fünfzig eingestuft wird.

Die Bewertung

Nur für Profis: Prüfung zum Master Sommelier

Hier können ambitionierte Jung-Sommeliers, aber auch Erfahrenere, eine wertvolle Prüfung in englischer Sprache ablegen. Der Focus bei dieser wohl weltweit anspruchsvollsten Prüfung, die ungefähr 100 Kandidaten in den 25 Jahren seit des Bestehens geschafft haben, liegt vor allen Dingen auf fundiertem theoretischen Wissen über die Weingärten der Welt. Aber auch Spirituosen, Bier und sogar Zigarren sind von Relevanz bei der Theorie. Darüber hinaus werden die Verkostung und ein weiterer praktischer Teil geprüft, indem vor allen Dingen Verkaufstalent und Gastgebereigenschaften vom Kandidaten gefordert sind. Info und Anmeldung unter www.mastersommeliers.org

International ist man sich nicht ganz einig, wie Wein zu bewerten ist. Immer häufiger wird ein 100-Punkte-System benutzt. Die Spitzenweine erreichen dabei Werte von 90 und mehr Punkten, gelegentlich wird die Idealnote von 100 vergeben. Und wenn dies der berühmte Mr. Robert Parker (ein amerikanischer Weintester und -autor) vornimmt, dann schnellen die Weine sofort im Preis hoch.

Bewertungen sind immer subjektive Eindrücke. Wein läßt sich nicht wie eine sportliche Leistung genau messen. So ist es durchaus möglich, daß der eine Tester 95 Punkte vergibt, sein Kollege dem gleichen Wein jedoch lediglich 80 Punkte zubilligt. In Deutschland wird meist das 20-Punkte-System praktiziert. Weine, die 14 oder 15 Punkte erzielen, bezeichnet man als „gut". Was darüber hinausgeht, ist schon „sehr gut", „hervorragend", „außergewöhnlich", „Weltklasse", je nach Punktzahl. Weine unter 10 Punkten gelten als fehlerhaft. Man könnte es eigentlich bei einem 10-Punkte-System belassen und alles, was schlecht ist, einfach nicht bewerten, denn ob man einer mißratenen Abfüllung 9 oder 6 Punkte gibt, ist ziemlich egal.

Bei den offiziellen Prämierungen durch die Kammern, Weinbauverbände und die Deutsche Landwirtschaftsgesellschaft (DLG) und der Weinprüfung in Deutschland gibt es noch das alte 5-Punkte-System. Die Vergabe von halben Punkten ist, wie auch bei der 20-Punkte-Regel, möglich. Weine mit mindestens 4,5 Punkten erhalten Gold oder den Großen Preis. An welchem System man sich bei einer Probe in privatem Kreis orientiert, sollte man von den Gewohnheiten der Teilnehmer abhängig machen. Wenn keiner irgendwie vorbelastet ist, kann auch das alte Notenschema der Schule benutzt werden: 1 für die ganz tollen Weine, 6 für die ungenießbaren.

Wenn die Probe abgeschlossen ist, hat man meist – man glaubt es kaum – Durst. Selbst altgediente Kellermeister trinken dann gerne ein Bier. Dagegen ist überhaupt nichts einzuwenden. Wer dem Wein treu bleiben will, greift am besten zu einem trockenen, leichten Tropfen (Riesling, Elbling), der die Zunge wieder munter macht. Auch ein Glas herber Sekt (brut) erfrischt.

Der Wein und seine Fehler

Eine Flasche Wein zu öffnen, ist immer spannend, erwartet man doch gleich darauf, je nach Qualität, einen großen oder auch kleinen Genuß. Doch stattdessen kann man auch herbe Enttäuschungen erleben. Denn wenn der Korkenzieher angesetzt wird, muß man damit rechnen, daß der Wein unangenehm muffig, bitter oder holzig riecht.

Schuld daran ist in den meisten Fällen der so harmlos anmutende Naturverschluß. Die Ursache ist in den wenigsten Fällen eine Kontaminierung der Korken im Weinkeller, wie es die Korkindustrie glaubhaft machen will. Es liegt vielmehr überwiegend an der mangelnden Sorgfalt bei der Herstellung der Korken und an den verwendeten Behandlungsmitteln in den wichtigsten Herstellungsländern Portugal und Spanien. Wenn beispielsweise das Wasser, in dem das Korkmaterial sterilisiert werden soll, nicht heiß genug war, oder das Wasser, das zum Waschen des Materials benutzt wird, verunreinigt ist, kann dies zu bakteriell bedingten Prozessen führen, an deren Ende die Enttäuschung des Weinkonsumenten steht.

Deutsche Wissenschaftler haben solche Fehlerquellen erst kürzlich bei Untersuchungen festgestellt. Es gibt zwar einige neue Methoden, unter anderem eine dem Prinzip der Mikrowelle folgende Behandlung, die den verflixten Korkschmeckern den Garaus machen sollen. Aber bis sich dies in der Praxis durchgesetzt hat, werden sicher noch einige Jahre ins Land gehen.

Alternativen sind Korken aus Silikon (noch nicht lange genug erprobt) sowie Kronkorken oder Schraubverschlüsse. Letztere hätten viele Vorteile. Der größte Nachteil: Sie werden von den Konsumenten zu wenig angenommen. Man will, daß es „flop“ macht; das „Klick“ wird abgelehnt. Die Schweizer sind hier weniger traditionell eingestellt; sie haben es akzeptiert, daß 70 Prozent der Schweizer Weinflaschen einen Schraubverschluß haben. Hopp, Schwyz!

Ein zusätzliches Ärgernis beim Korkproblem sind die vielen „verdeckten“ Fehler, die beim Weingenuß den Eindruck vermitteln, daß es

Kork

Der Flaschenverschluß von der Korkeiche, der einesteils zur Reifung des Weines beiträgt, aber andererseits immer wieder mal Schwierigkeiten mit seinen diversen Mängeln macht und dafür sorgt, daß Weine verkork(s)t sind. Für einfachere Weine wäre ein Schraubverschluß besser.

sich um einen mäßigen Wein handelt. Das kann natürlich tatsächlich der Fall sein. Wenn man aber die Gelegenheit hat, eine zweite Flasche zu öffnen und es dann plötzlich himmlisch aus dem Glas duftet, war der Schuldige sicher der Korken. Darum unser Rat: Bei einem merkwürdig bitteren oder chemischen Geruch nicht gleich den Winzer verurteilen. Und im Restaurant verlangen Sie bei dem geringsten Verdacht eine zweite Flasche. Seriöse Gastronomen können mit diesem Problem umgehen.

Besonders häufig treten Korkschmecker übrigens bei Weinen mit Preßkorken auf (bis zu 25 Prozent, haben Fachleute für diese aus vielen kleinen Bröseln zusammengepreßten Korken ermittelt). Auch die säurebetonteren Weine wie der Riesling sind erhöht gefährdet (inklusive dem edelsüßen Bereich mit Beerenauslesen und Eisweinen). Die Erfahrung aus vielen Proben lehrt, daß offenbar die Säure Korkfehler schneller zum Leben erweckt, während zum Beispiel bei Rotweinen die würzigen Aromen einiges überlagern können.

Neben dem Korkschmecker gibt es jedoch noch einige andere Weinfehler:

- Vom Böckser spricht man, wenn der Wein nach überreifem Käse, fauligem Heu und faulen Eiern „duftet". Das ist auf schwefelhaltige Verbindungen im Wein oder auf Rückstände von Spritzmitteln zurückzuführen. Bei jungen Weinen verschwindet der Böckser oft mit der Zeit von selbst. Wird er früh genug erkannt, gibt es im Keller Methoden (Schönung), mit denen ihm beizukommen ist.
- Der Muff ist dem Korkschmecker sehr ähnlich. Ursache sind Verunreinigungen im Keller.
- Wie Schimmel riecht, weiß man vom Brot oder vom Joghurt. Beim Wein kann dieser unangenehme Geruch auf schimmelige Fässer, Schläuche oder auf zu sehr verfaulte Trauben zurückzuführen sein. In diesem Fall wurde dann bei der Behandlung des Traubenmaterials gesündigt.
- Die flüchtige Säure, die eigentlich nur Fachleuten auffällt, ist erkennbar am süß-sauren, essigähnlichen Geruch sowie dem Kratzen am Gaumen. Sie ist gewissermaßen eine Vorstufe zum Essigstich, der tatsächlich im Geruch an Essig denken läßt. Das Problem kann durch unreife Trauben oder Wespen- und Bienenbefall am Stock entstehen. Hochreife, edelsüße Weine haben meist einen höheren Gehalt an flüchtiger Säure. Aber die Süße und die ausgeprägten sonstigen Aromen sind ein guter Puffer.

Bouquet

Fachbegriff für das Aroma (Duft) des Weines.

Nase

Salopper Ausdruck in der Weinsprache für das Aroma eines Weines.

Wann trinkt man welchen Wein?

Die Kombinationsmöglichkeiten von Wein und Essen sind natürlich ausgesprochen vielfältig. Wir wollen im folgenden aber nicht langatmig oder gar wissenschaftlich ins Detail gehen, sondern ein bißchen über unsere persönlichen Erfahrungen plaudern und Hilfestellung für den kulinarischen Alltag geben.

Chablis

2000 Petit Chablis
(Chardonnay)
La Chablisienne
0,75 l, ca. € 10,00
Französische Edelweine

Zu Austern, Fisch und Schalentieren.

Welcher Wein zum Essen?

Chianti Classico

1999 Chianti Classico
Fattoria La Casaccia
0,75 l, € 8,20
Zwölfgrad, Köln

Zu Pizza und kräftigen Pastagerichten.

- **Apfelkuchen:** Wenn viel Äpfel drin stecken, dann sollte es ein fruchtiger Riesling mit ein bißchen Rückgrat sein (Rheingau, Pfalz, auch Elsaß).
- **Asiatische Küche:** Es gibt zwar immer mehr asiatische Restaurants in Deutschland, aber die gute, passende Weinauswahl lassen diese Häuser in der Regel vermissen. In gehobenen Restaurants, die eine normale Küche mit asiatischen Elementen anbieten (viele deutsche Spitzenköche waren in den letzten Jahren zur Fortbildung im Fernen Osten) werden Sie hingegen eher fündig.
  Doch viele Menschen kochen mittlerweile auch Zuhause asiatisch. Zu chinesischen oder japanischen Gerichten ist eher Bier zu empfehlen. Mit einem nicht allzu süßen Müller-Thurgau kann man einen Versuch wagen. Ansonsten passen ein halbtrockener Riesling mit etwas Power oder ein würziger weißer Vouvray von der Loire, der in der Säurestruktur dem Riesling sehr ähnlich ist, ausgezeichnet.
  Ist viel Curry am Gericht, empfehlen sich ein herber, aber kräftiger Gewürztraminer oder ein nicht zu zarter Muskateller.
- **Austern:** Viele Menschen wenden sich allein bei dem Gedanken, diese Weichtiere zu schlürfen, mit Abscheu ab. Aber wer Austern mag, sollte natürlich den „Klassiker" Chablis dazu wählen, dessen Säure hier genau paßt und dazu beiträgt, daß die Austern schnell herrunterrutschen. Die preiswertere Alternative ist ein Muscadet (Weißwein von der Loire).
- **Erdbeeren:** Eine große Schale frische rote Erdbeeren, es ist Sommer, Sie sitzen in einem bequemen Liegestuhl im Garten und trinken ein Glas Sekt oder Champagner dazu – wie schön kann die Welt sein.

- **Hamburger:** Jawoll, Hamburger. Warum nicht auch dazu einen Schoppen? Wir kennen Leute, die sich aus einem der Schnellrestaurants ihre Mahlzeit nach Hause mitbringen und dann ein Fläschchen Schampus öffnen. Motto: Nobel geht die Welt zugrunde. Besser als der Prickler ist zur amerikanischen Frikadelle ein nicht zu kräftiger Zinfandel aus Kalifornien geeignet. Das gilt übrigens auch für die Boulette solo, ohne das Gummibrötchen drumherum.
- **Hühnerfrikassee:** Zum hellen Fleisch in heller Sauce paßt nicht nur optisch, sondern auch geschmacklich kein Rotwein. Zu der cremigen Sauce bietet sich ein Grauburgunder an, zum Beispiel aus Baden, der nicht allzu lang in Barriques ausgebaut wurde. Er schmeckt durch seinen Extrakt genauso cremig wie die Sauce.
- **Käse:** Vergessen Sie die alte Leier, derzufolge nur Rotwein zum Käse paßt. Das ist vermutlich eine Erfindung der Franzosen, damit sie ihre Weine besser verkaufen können. Doch dabei vergessen sie, daß es einige Weiße aus Frankreich gibt, die hervorragend zu bestimmten Käsesorten passen. Wir wollen es nicht zu kompliziert machen und beschränken uns auf Roquefort, ein bekannter Schimmelkäse, der einen starken, süßen Partner benötigt und ihn im kräftigen, würzig-süßen Sauternes findet. Alternativ können wir einen ebenfalls muskulösen Ausbruch oder eine Trockenbeerenauslese aus Österreich oder eine nicht allzu leichtgewichtige deutsche Beeren- bzw. Trockenbeerenauslese (zum Beispiel aus Baden oder Franken) vom Ruländer oder der Scheurebe empfehlen.
  Ziegenfrischkäse ist zurückhaltender im Geschmack und benötigt einen würzigen, mittelgewichtigen Wein. Eine ideale Empfehlung ist der Sancerre von der Loire.
- **Käsefondue:** Zu einem Käsefondue sollten Sie Ihren Gästen einmal einen Fendant (Sorte: Chasselas) aus dem Wallis anbieten. Das Zusammenspiel zwischen dem leicht prickelnden Schweizer Wein und dem kräftigen Käse wird die gesamte Gesellschaft in Hochstimmung versetzen.
- **Langostinos/Hummer/Scampi:** Im nordwestspanischen Galizien ist die weiße Albariño-Rebe eine bevorzugte Sorte. Die frischen, würzigen, leicht nach Äpfeln duftenden Weine sind optimale Seafood-Weine, mit denen nicht nur Gastronomen ihre Gäste überraschen können.
- **Pasta (und sonstige Nudelgerichte):** Auch wenn wir sonst nicht immer begeistert sind von den im Barrique ausgebauten Chardonnays der Neuen Welt, hier sind wir für einen solchen aus Kalifornien, Australien oder Südamerika, der vom Holz „geküßt“ wurde. Und damit basta!
- **Pizza:** Wir greifen entweder zu einem Orvieto oder Soave (möglichst nicht zu dem, den es bei den meisten Italienern aus der Zwei Liter-Buddel offen gibt). Aber auch ein nicht allzu fruchtiger, aber kräftiger Rosé paßt gut. Alternative: schlankere, hellere Rotweine wie einen Bardolino oder Vernatsch (Trollinger trocken).

Riesling

2001 Riesling Qualitätswein trocken
FISCHERS Edition No. 1
Weingut Emrich-Schönleber
Monzingen, NAHE
0,75 l, ca. € 7,90
FISCHERS Weingenuß & Tafelfreuden

Eine gemeinsame Entdeckung von „FISCHERS Weinnasen“. Das Sommelier-Team probiert unzählige Weine pro Jahr und wird zukünftig die Favoriten mit einer fortlaufenden Editions-Reihe beschreiben und mit einem Rückenetikett kennzeichnen. So möchten wir interessierten Weintrinkern unsere Top-Entdeckungen preisgeben!

Sauvignon Blanc

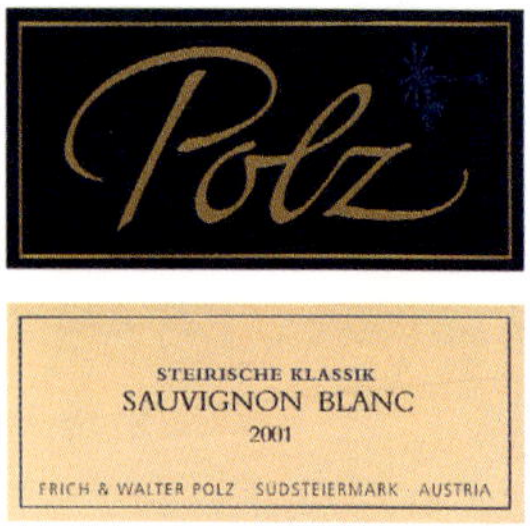

2001 Sauvignon Blanc
Steirische Klassic
Erich & Walter Polz
Südsteiermark, ÖSTERREICH
0,75 l, ca. € 12,20
Steines KG, la Cave

Ein duftiger Wein aus der Bergwelt. Das Aroma von Stachelbeeren und grüner Mango in der Nase mit einem kristallklaren, rassigen Geschmack. Großartig zu Seafood und als Aperitif. Macht Durst auf mehr!

Redoma Rosé

2001 Redoma Rosé
Niepoort Vinhos
Douro, PORTUGAL
0,75 l, ca. € 10,60
Weinhaus Jürgen Hess

So einen Rosé muß man erst einmal finden. Sicherlich nicht der Spritzigste, aber mit einem herrlichen Bukett. Er duftet wie ein Potpourri von Früchten, dabei mit viel Substanz auf der Zunge. Unglaublich süffig!

- **Rouladen vom Rind:** Das ist echte Hausmannskost, da hat man fast automatisch das Verlangen nach einem fruchtigen Merlot aus Frankreich, Australien oder Österreich.
- **Sauerbraten:** Der Deutschen (einstmals) liebstes Sonntagsgericht braucht einen Wein, der Süße, Säure und den Würznoten der deftigen Hausmannskost Widerstand leisten kann. Man nehme: einen fruchtig ausgebauten, aber richtig fetten Zinfandel aus Kalifornien mit kräftigen Tanninen und sanfter Würze. Hände weg vom „White Zinfandel", dem Rosé. Der ist nur süß und meist ziemlich banal. Zugreifen kann man dagegen bei einem Pinotage aus Südafrika. Diese spezielle Rotweinsorte hat oft etwas Extraktsüße und einen kräftigen Körper.
- **Sauerkraut:** So ganz solo ist das saure Kraut schwer mit Wein in Verbindung zu bringen. Da tut sich selbst der Riesling aus dem Elsaß oder aus der Pfalz schwer. Aber mit einem Partner, der das Saure abpuffert, kommt es zur idealen kulinarischen Kurzzeit-Ehe. Zander gebraten in einer Kartoffel-Sauerkraut-Hülle mit einem feinen Rieslingsößchen und dazu Riesling – köstlich!
- **Schaschlik:** Wenn eine Gewürzkruste das Fleisch auf dem Spießchen ziert, dann braucht es ein weiniges Gegengewicht. Man findet es im Shiraz aus Australien oder einem der besseren Weine von der Rhône (die alle einen höheren Anteil von dieser Sorte, hier Syrah genannt, aufweisen), beispielsweise einem Châteauneuf-du-Pape oder einem Hermitage.
- **Schmorbraten:** Wenn das Fleisch richtig durch und die Sauce sehr konzentriert ist, dann bietet sich ein normaler Côtes-du-Rhône in der fruchtigeren Ausführung (Villages) an. Auch mit einem italienischen Barbera, der Frucht zeigt, geht man nicht fehl. Klingt vielleicht verrückt, kann aber funktionieren, wenn der Wein gut ist: ein reifer, süßer Riesling (denn die Sauce vom Schmorbraten ist durch die starke Reduktion meist auch etwas süß im Geschmack).
- **Schokolade:** Normalerweise hissen alle Weine bei der Kombination mit Schokolade die weiße Flagge. Einzige Ausnahme ist der rote, süße Banyuls aus Südfrankreich, der durch seine intensive, cremige Frucht mit feiner Karamelnote ein idealer Partner ist.
- **Sparerips:** Diese kräftigen, würzigen, scharfen Knabberstücke schreien geradezu nach einem ebenfalls sehr kraftvollen Wein. Wir empfehlen einen Zinfandel aus dem amerikanischen Westen. Aber auch ein Shiraz aus Australien hat die nötigen Muskeln.
- **Spargel:** Was bekommen wir nicht alles an guten Einkaufstips auf den Tisch, wenn Spargelzeit ist. Riesling in vielen Varianten, Sancerre, Chablis und so fort. Aber zu klassischen Spargelgerichten, bei denen der leicht bittere, feine Geschmack des Asparagus gut zur Geltung kommt, ist der Silvaner der richtige Partner, herb und mit Körper ausgebaut. Selbst mit Spargelmousse funktioniert die Verbindung glänzend. Während der oft empfohlene Riesling, so gut er ei-

gentlich sein mag, in diesem Fall fast metallisch schmeckt, geht der Silvaner mit dem Spargel eine unglaubliche Symbiose ein. Schade, daß die Spargelzeit so kurz ist.

- **Suppen:** Na ja, da gibt es kaum jemand, der dazu Wein empfiehlt. Aber bei schweren, sahnigen Suppen paßt ein Wein aus der weißen Burgunderfamilie, der etwas Restsüße hat, durchaus. Nur kann man nicht allzu lang hin und her probieren, weil sonst die Suppe kalt wird. Auch eine Möglichkeit bei einer klaren Tomatenessenz: Leisten Sie sich das Wagnis, einen kräftigen Rotwein mit Barrique-Ausbau zu servieren. Die Suppe muß nur sehr würzig sein.
- **Wiener Schnitzel und anderes paniertes Fleisch:** Die Sorte Muskateller hat zwar keinen großen Nimbus, aber sie wird in herber Variante ein paniertes Schnitzel hervorragend begleiten. Ordnungshalber sollte der Muskateller aus Österreich (Wachau, Steiermark) kommen.

Es gibt, wie man sieht, kaum ein Gericht, zu dem man nicht Wein trinken könnte. Es gibt eigentlich nur eine Ausnahme: Matjes. Dieser junge, mild salzige Hering läßt jeden Wein metallisch und sauer wirken. In diesem Fall kann man guten Gewissens allein zum Bier raten. Nur völlig Unverbesserliche greifen, wenn sie aus Prinzip kein Bier anrühren, zu einem Semillon aus Australien.

Port

1997 Late Bottled Vintage Port
Niepoort Vinho
Douro, PORTUGAL
0,375 l, ca. € 9,90
Die Weinquelle GmbH

Ganz spontan fällt uns natürlich unser Lieblings-Port, der LBV von Dirk van der Niepoort ein. Er besitzt ein unglaubliches Preis-Leistungsverhältnis, schmeckt nach Schokolade und dunklen Beeren. Die attraktiv aussehende kleine Flasche ist ideal für Singles, aber auch für Einsteiger zum Probieren und Reinschnuppern …

Wo kann man sich „weinbilden"?

Wir werden oft gefragt, wo und wie man sich in Sachen Wein fortbilden kann. Nicht ganz uneigennützig verweisen wir dann häufig auf die Kochduell-Sendung, in der Sie täglich Interessantes zum Thema Wein erfahren, sowie auf die zahlreichen, übers Jahr verteilten Aktivitäten zum Thema Wein bei „FISCHERS Weingenuß & Tafelfreuden" in Köln. (Programm unter www.fischers-wein.com oder per Telefon 0221/310 847–0). „Immer der Nase lang!" lautet das Motto von Fischers Weinseminaren. Seminare rund ums Aromen-Schnüffeln, Gläser-Schwenken & Nase-Eintauchen.

Kennen Sie die Situation: Sie trinken gerne Wein und kennen sich mit Weiß- und Rotweinen ein wenig aus? Aber manchmal kommen Sie nicht „auf den richtigen Geschmack", können die unterschiedlichen Aromen und Düfte nicht so richtig einordnen und beschreiben. Ihnen fehlen die Worte. Kein Problem: Da geht es Ihnen wie vielen anderen Menschen. Aber Sie müssen nicht „sprachlos" bleiben. Wer Lust hat, etwas mehr über Wein, Aromen und Sensorik zu erfahren, ist herzlich willkommen. Das Sommelier-Team von Fischers vermittelt Ihnen Spaß und Lust beim Weingenuß! Nebenbei lernen Sie spielerisch das „Weinvokabular" von Aprikose bis Zedernholz und entdecken dabei Ihre sensorischen Fähigkeiten. Wir bringen Sie auf den „Geschmack", natürlich mit Vergnügen! Auf unseren Seminaren werden Sie mit dem „Weinvirus" infiziert, steigern Ihr „Wein-Selbstbewußtsein" und entdecken ganz neue Geschmackswelten.

Wie geht's los? Am besten und einfachsten mit den WEIN-BASICS, genau das Richtige für Einsteiger ohne große Vorkenntnisse. Hier erfahren Sie das Wichtigste aus der Welt des Weines und lernen die Kunst des Weinprobierens. Alles in lockerer Atmosphäre, denn unsere Seminare sind Entspannung für ein paar wissenswerte Stunden rund ums Thema Wein.

Die MEDIUM WEIN-BASICS sind schon eher etwas für Fortgeschrittene.

Das Seminar baut inhaltlich auf dem Wissen des WEIN-BASIC-Seminars auf und setzt ein vinophiles Grundwissen voraus. Und für ganz Besessene gibt es dann noch TOP WEIN-BASICS und themenorientierte WORKSHOPS. Unbedingt Programm anfordern!

Christina Fischer

Das Licht der Welt erblickt Christina Fischer am 9. August 1961 in Essen-Werden. Früh kommt sie im Elternhaus mit dem Thema „Genuß" in Berührung und entdeckt dadurch ihre Leidenschaft. Doch bis zum eigenen Restaurant „FISCHERS Weingenuß & Tafelfreuden" ist es noch ein weiter Weg.

Nach dem Abitur beginnt Christina Fischer zunächst ihre Ausbildung zur Hotelfachfrau im Hotel „Inter Continental" Düsseldorf, es folgen zwei Jahre „Inter Continental" Hyde Park Corner in London.

Nach Köln zurückgekehrt übernimmt sie 1987 die Restaurantleitung im „Soufflé" und arbeitet gleichzeitig als Sommelière. Nächste Station auf ihrer gastronomischen Karriereleiter ist die Position der Chef-Sommelière im Drei-Sterne-Restau-

rant „Schiffchen“ in Düsseldorf-Kaiserswerth. Nach den Erfahrungen in der „haute cuisine“ wechselt Christina Fischer 1991 als Geschäftsführerin und Sommelière ins Kölner Restaurant „Mäxwell“. Danach geht es in gleicher Funktion für 2 Jahre ins renommierte Landhotel-Restaurant „Brenner'scher Hof“ in Köln.

Im Jahre 1996 eröffnet Christina Fischer ihr eigenes Restaurant „FISCHERS Weingenuß & Tafelfreuden“ am Hohenstaufenring 53 in Köln. Jetzt endlich kann die weinbesessene Gastronomin ihre eigenen Ideen verwirklichen und ein Konzept umsetzen, das den Gast in den Mittelpunkt aller kulinarischen Dienstleistungen stellt. Drei erfahrene Sommeliers und eine engagierte Küchen-Mannschaft sorgen dafür, daß täglich frische crosskulturelle Gerichte und eine breit gefächerte Wein-Auswahl bereit stehen. Von den über 700 Wein-Positionen werden rund 40 Weine auch glasweise angeboten.

Ein Großteil der Weine kann direkt über den Weinhandel „Take away“ gleich mitgenommen werden. Nach Hause kommen die „Weingenuß & Tafelfreuden“ mit FISCHERS Catering Service, der maßgerecht auf die jeweilige Veranstaltung ausgerichtet wird. Darüber hinaus bietet ein Team von Spezialisten im gemütlichen Gewölbekeller unterhaltsame Weinseminare und Wein-Veranstaltungen an; vom lockeren Anfängerkurs bis zum Profi-Training. Im „FISCHERS Weinclub“ steht – neben dem Genießen – das Wein-Plaudern im Vordergrund.

Neben dem Engagement in verschiedenen Verkostungs-Jurys ist Christina Fischer auch Vorstandsmitglied der Sommelier Union Deutschland und Gründungsmitglied von „SOMMELIER CONSULT – Die Weinexperten“. Das Team aus renommierten Fachleuten bietet Wein-Kompetenz aus erster Hand: Seminare, Beratung, Event-Organisation.

Zahlreiche Interviews und Fernsehauftritte als TV-Sommelière im VOX-Kochduell haben Christina Fischer bundesweit bekannt gemacht. Hinzu kommen Publikationen wie das „Kochduell-Weinbuch“ (1999), „Der Einkaufsführer Rotwein“ (2000) und „Die neue natürliche Küche“ von A. Studer mit Weinempfehlungen von Christina Fischer (2001) – alle drei bei der Egmont vgs verlagsgesellschaft, Köln, erschienen sowie die Publikation der hauseigenen Zeitung „Fischers Flaschenpost“.

Für ihre vielfältigen Aktivitäten rund um die Themen Wein und Gastronomie wurde Christina Fischer bereits 1995 mit dem „Förderpreis Pro Riesling“ ausgezeichnet, bekam ein Jahr später den „Wine by the glass Award“ von der Zeitschrift Decanter verliehen und gewann 1997 mit ihrer Restaurant-Mannschaft die begehrte „Moët Hennessy Team-Trophy“.

Im Jahre 2000 wählte eine Fachjury Christina Fischer für ihr innovatives Gastronomie-Konzept zur „Wirtin des Jahres 2000“. Im gleichen Jahr wurde ihr Restaurant von der Zeitschrift DER FEINSCHMECKER und Robert Mondavi mit dem 1. Platz für die „Beste Übersee-Weinkarte Deutschlands 2000“ ausgezeichnet. Ein Jahr später kürte der Gault Millau Deutschland Christina Fischer zur „Sommelière des Jahres 2001“.

Hendrik Thoma

Hendrik Thoma, 35 ist seit über 7 Jahren Sommelier des renommierten Hamburger „Jacobs Restaurant“ im Hotel Louis C. Jacob an der Elbchaussee. Er übersieht einen der umfangreichsten Weinkeller der Hansestadt mit über 1000 Positionen.

Seinen Werdegang begann er als Koch in seiner Heimatstadt Gütersloh im Parkhotel und später im Hamburger Landhaus Scherrer. Während eines zweijährigen Aufenthaltes in der „Auberge du Soleil“ im kalifornischen Napa Valley und einem Praktikum auf dem Weingut Cain Cellars in St. Helena gewann er erste, intensive Eindrücke von der Welt des Weins. Es folgten ein weiteres Praktikum auf dem Johannishof im Rheingau und eine einjährige Ausbildung zum Sommelier auf der Heidelberger Hotelfachschule.

In seiner Laufbahn erzielte Thoma schon einige Erfolge wie den 2. Platz beim „Badischen Weinwettbewerb“ 1994 und jeweils 1997 und 1999 den 3. bzw. 2. Platz bei der Trophee Ruinart-Bester Sommelier Deutschlands. 1995 erwarb er das „Advanced Sommelier's Certificate“ in England.

Im selben Jahr ernannte ihn die Bordelaiser Weinbruderschaft „Commanderie du Bontemps du Medoc et des Graves“ zum Ehrenmitglied.

Des weiteren ist er seit 1997 regelmäßiges Jurymitglied beim bekannten Magazin „Der Feinschmecker“.

1999 wurde er vom kritischen Restaurantführer „Gault Millau“ für seine Arbeit um den Wein mit dem Titel „Sommelier des Jahres“ ausgezeichnet. Auch der Verein PRO Riesling in Trier verlieh ihm den Förderpreis in der Kategorie Sommeliers.

Im November 1999 bestand er nach fünfjähriger Vorbereitungszeit die begehrteste Prüfung der Branche, den Master Sommelier. Er ist somit der zweite Deutsche und einer von ungefähr 100 Kandidaten weltweit, die diese seit Bestehen 1969 bestanden haben.

Seit Dezember 1999 schreibt er monatlich seine Weinkolumne „Weinnotizen“ in der „Welt am Sonntag“, des weiteren die Weinkolumne „Thekengespräch“ im „Playboy“ Deutschland. Außerdem wurde er vom Schweizer Weinbauverband zu ihrem Ambassador des Jahres 2000 ernannt. Im Jahr 2001 wurde ihm wiederum die Auszeichnung „Sommelier des Jahres“ verliehen, diesmal vom bekannten Gourmetführer „Aral Schlemmer Atlas“.

Im Internet erhält man Informationen zu Hendrik Thoma unter www.hendrikthoma.de.

Register

Bezugsquellen

Fachhandel
20 149 Hamburg, **The Winery**, Rothenbaumchaussee 139, Tel. (0 40) 45 03 50 00
20 249 Hamburg, **Weinhaus Gröhl Hamburg**, Eppendorfer Baum 7, Tel. (0 40) 37 50 19 66, e-mail: info@weinhaus-groehl.de, Internet: www.weinhaus-groehl.de
22 609 Hamburg, **Hotel und Weinrestaurant Louis C. Jacob**, Elbchaussee 401–403, Tel. (0 40) 8 22 55-0, Internet: www.hotel-jacob.de
23 552 Lübeck, **Carl Tesdorpf**, Mengstr. 64, Tel. (04 51) 79 92 70
25 980 Rantum, **Weinhandel Sansibar**, Tel. (0 46 51) 96 46 46, e-mail: info@sansibar.de, Internet: www.sansibar.de
34 134 Kassel, **Weinhandlung Martin Apell**, Eugen-Richter-Straße 109, Tel.: (05 61) 3 16 07 17, e-mail: info@apell.de, Internet: www.apell.de
41 239 Mönchengladbach, **La Tienda**, Urftstraße 99–101, Tel. (0 21 66) 93 15–0, e-mail: La-Tienda@t-online.de, Internet: www.vinespa.de
44 149 Dortmund, **Weinland Mövenpick**, Brennaborstr. 5, Tel. (02 31) 96 51 56–0, e-mail: wein@moevinpick.com, Internet: www.moevenpick-weinland.de
45 219 Essen-Kettwig, **Französische Edelweine**, Ringstraße 51, Tel. (0 20 54) 93 97 60, e-mail: Edelweine@t-online.de
50 667 Köln, **FUB,** Heumarkt 55–57, Tel. (02 21) 9 25 93 00, e-mail: info@fub-weine.de
50 672 Köln, **Weinhandel und Restaurant Vintage**, Pfeilstr. 31, Tel. 02 21/ 92 07 10, Internet: www.weinseminare.de
50 674 Köln, **FISCHERS Weingenuß & Tafelfreuden**, Hohenstaufenring 53, Tel. (02 21) 31 08 47–0, e-mail: info@fischers-wein.com, Internet: www.fischers-wein.com
50 677 Köln, **Weinhandlung Zwölfgrad**, Martin-Luther-Platz 1, Tel. (02 21) 38 15 91
54 498 Piesport, **Die Weinquelle GmbH**, Müsterter Str. 18, Tel. (0 65 07) 70 14 20
56 076 Koblenz, **Der Weinmohr**, Emserstr. 119, Tel. (02 61) 46 26, e-mail: info@weinmohr.de, Internet: www.weinmohr.de
58 300 Wetter, **Schütz Weinimport**, Wolfgang-Reuter-Str. 28, Tel. (0 23 35) 27 82, e-mail: schuetz.weinimport@t-online.de, Internet: www.schuetz-weinimport.de
66 374 St. Ingbert, **Weinimport Dr. Guido Kohler**, Kaiserstr. 170–174, Tel. (0 68 94) 58 13–00, Internet: www.kohler-wein.de
78 054 Villingen-Schwenningen, **Weinhaus Jürgen Hess**, Bürkstr. 17, Tel. (0 77 20) 3 31 71
85 435 Erding, **Steines KG, la Cave**, Taufkirchnerstr. 2, Tel. (0 81 22) 1 82 00, e-mail: info@steines-weine.com, Internet: www.steines-weine.com
85 662 Hohenbrunn, **Linke Weinhandelsgesellschaft**, Dorfstr. 19, Tel. (0 81 02) 89 58 68, e-mail: linke-weine@t-online.de, Internet: www.weinmacher-mit-profil.de
90 411 Nürnberg, **K&U Die Weinhalle**, Nordostpark 78, Tel. (09 11) 52 51 53, Fax.: (09 11) 5 29 88 74, e-mail: info@weinhalle.de, Internet: www.weinhalle.de

Weingüter
01 326 Dresden, **Weingut Klaus Zimmerling**, Bergweg 27, Tel. (03 51) 2 61 87 52
01 665 Zadel über Meißen, **Weingut Schloss Proschwitz**, Dorfanger 19, Tel. (0 35 21) 45 20 96, e-mail: Schloss-Proschwitz@t-online.de, Internet: www.schloss-proschwitz.de
53 507 Dernau, **Weingut Meyer-Näkel**, Hardtbergstraße 20, Tel. (0 26 43) 16 28, e-mail: weingut.meyer-naekel@t-online.de, Internet: www.meyer-naekel.de
54 340 Klüsserath, **Weingut Kirsten**, Krainstraße 5, Tel. (0 65 07) 9 91 15, e-mail: mail@weingut-kirsten.de, Internet: www.weingut-kirsten.de
54 340 Leiwen, **Weingut Heinz Schmitt**, Stephanusstraße 4, Tel. (0 65 07) 42 76, e-mail: weingutheinzschmitt@t-online.de, Internet: www.Weingut-Heinz-Schmitt.de
54 492 Erden, **Weingut Heinrich Schmitges**, Im Unterdorf 12, Tel. (0 65 32) 27 43, e-mail: info@schmitges-weine.de, Internet: www.schmitges-weine.de
55 422 Bacherach, **Weingut Ratzenberger**, Blücherstraße 167, Tel. (0 67 43) 13 37, e-mail: weingut-ratzenberger@t-online.de, Internet: www.weingut-ratzenberger.de
55 424 Münster-Sarmsheim, **Weingut Kruger-Rumpf**, Rheinstraße 47, Tel. (0 67 21) 4 38 59, e-mail: kruger-rumpf@t-online.de, Internet: www.kruger-rumpf.de
67 592 Flörsheim-Dalsheim, **Weingut Scherner-Kleinhanss**, Alzeyer Straße 10, Tel. (0 62 43) 4 35, e-mail: scherner.kleinhanss@freenet.de
67 599 Gundheim, **Weingut Gerhard Gutzler**, Roßgasse 19, Tel. (0 62 44) 90 52 21, e-mail: weingut.gutzler@t-online.de, Internet: www.gutzler.de
76 831 Birkweiler, **Weingut Dr. Wehrheim**, Weinstraße 8, Tel. (0 63 45) 35 42, e-mail: Dr.Wehrheim@t-online.de, Internet: www.weingut-wehrheim.de
76 833 Siebeldingen, **Weingut Ökonomierat Rebholz**, Weinstraße 54, Tel. (0 63 45) 34 39, e-mail: wein@oekonomierat-rebholz.de, Internet: www.weingut-oekonomierat-rebholz.de
79 235 Achkarren, **Weingut Michel**, Winzerweg 24, Tel. (0 76 62) 4 29, e-mail: weingutmichel@t-online.de, Internet: www.weingutmichel.de
79 295 Laufen, **Weingut Schlumberger**, Weinstraße 19, Tel. (0 76 34) 89 92, e-mail: info@schlumbergerwein.de, Internet: www.schlumberger-wein.de
79 418 Schliengen, **Weingut Blankenhorn**, Baselerstraße 2, Tel. (0 76 35) 8 20 00, e-mail: weingutblankenhorn@t-online.de, Internet: www.gutedel.de

ÖSTERREICH
3550 Langenlois, **Weingut Ludwig Ehn**, Bahnstr. 3, Tel. +43 (27 34) 22 36, Internet: www.ehnwein.de